Für Dich

Die Deutsche Nationalbibliothek verzeichnet diese Publikation in der Deutschen Nationalbibliografie; detaillierte bibliografische Daten sind im Internet über www.dnb.de abrufbar.

Vegetarisches Studi-Kochbuch: Das große vegetarische Studenten-Kochbuch für leckere Gerichte ohne Fleisch (100 geniale Veggie-Rezepte für jede Studi-Küche) von Hannah Dautzenberg

Studienscheiss UG (haftungsbeschränkt)
Rathausstr. 24 B, 52072 Aachen
kontakt@studienscheiss.de
Geschäftsführer: Dr. Tim Reichel, M.Sc.
Registergericht: Amtsgericht Aachen
Registernummer: HRB 19105
USt-IdNr.: DE295455486

Erste Auflage, März 2021



ISBN: 978-3-946943-84-6 (Softcover)
ISBN: 978-3-946943-85-3 (PDF)
ISBN: 978-3-946943-86-0 (EPUB)
ISBN: 978-3-946943-87-7 (MOBI)



Lektorat: Sara Dörwald, Steinhagen
Korrektorat: Tim Reichel, Aachen
Umschlaggestaltung, Layout und Satz: Tim Reichel, Aachen
Umschlagmotiv: IhorZigor & akhzart / shutterstock.com
Foto: Jan Ungermann & Hannah Dautzenberg, Aachen
Herstellung: Amazon oder eine Tochtergesellschaft
Printed in Germany

www.studienscheiss.de

# Vegetarisches Studi-Kochbuch

Das große vegetarische Studenten-Kochbuch

für leckere Gerichte ohne Fleisch

Hannah Dautzenberg

veggie +

# Inhalt

„Keine Liebe ist aufrichtiger als die Liebe zum Essen."

*George Bernard Shaw*

# Vorwort

# Vegetarische Studi-Rezepte

Vor allem für Studierende ist das Kochen manchmal eine echte Herausforderung: Die Küche ist klein und eher spartanisch eingerichtet, die Zeit gerade in stressigen Klausurphasen knapp und das Portemonnaie selten prall gefüllt.

Viele Studis haben dennoch eine Leidenschaft fürs Kochen und achten auf ihre Ernährung. Immer mehr wollen sich vegetarisch ernähren und dabei kreative Rezepte ausprobieren. Doch das ist als Student oder Studentin nicht immer einfach.

Aus diesem Grund habe ich dieses Buch geschrieben. In diesem vegetarischen Rezeptebuch gibt es die Lösung für deine Kochprobleme in der Studi-Küche. Denn trotz eines schmalen Geldbeutels und wenig Zeit bietet die vegetarische Küche abwechslungsreiche, gesunde, moderne und vor allem wahnsinnig leckere Gerichte. Lasse dich von neuen Kombinationen inspirieren und verzaubere deine Mitbewohner, Kommilitoninnen, Freunde und Familie mit den außergewöhnlichen – aber einfachen – Gerichten.

Ein Tag mit leckerem Essen und ein bisschen Abwechslung in der Küche kann so manchen Ärger über schwierige Prüfungen oder langweilige Hausarbeiten vergessen lassen. Und dafür musst du dir keinen Döner besorgen oder das nächste Fast-Food-Restaurant um die Ecke plündern. Die Veggie-Rezepte in diesem Buch bieten dir gesunde und leckere Alternativen, die nicht nur deinen Magen, sondern auch deine Seele glücklich machen.

In diesem Buch zeige ich dir, wie du dich und andere in stressigen Uni-Phasen kulinarisch verwöhnen kannst, ohne dabei Unsummen von Geld auszugeben. Dazu benötigst du keine besondere Fähigkeiten am Herd oder eine teure Küchenausstattung. Egal, ob du ein leidenschaftlicher Hobbykoch bist oder blutiger Anfänger – mit diesen Rezepten kann wirklich jeder ein umwerfendes Gericht auf den Teller zaubern. Es erwarten dich dabei keine langweiligen Veggie-Rezepte, die ein Fleischgericht kopieren oder so alt sind wie alle Vorurteile über Vegetarier. Die hier aufgeführten Gerichte gibt es nicht in der Mensa oder dem Uni-Café. Alle Rezepte sind modern, abwechslungsreich und umwerfend lecker. Gleichzeitig sind die Zutaten für die Gerichte günstig, schnell zuzubereiten und extra Küchenequipment ist für die Zubereitung so gut wie nie erforderlich.

Außerdem habe ich dir das Nachkochen so einfach wie möglich gemacht: Wenn du die Rezepte aus diesem Buch zubereiten möchtest, musst du dir nicht mühsam die wichtigsten Infos zusammensuchen, bevor du loslegen kannst. Denn jede Seite ist klar und übersichtlich strukturiert. Du findest zu jedem Gericht:

- ✔ Eine Zeitangabe
- ✔ Die Menge der Portionen
- ✔ Eine Zutatenliste
- ✔ Eine ausführliche Anleitung
- ✔ Mögliche Variationen des Gerichts

Die Struktur in dem Buch ermöglicht es dir, ohne groß nachzudenken direkt mit dem Kochen anzufangen. Schließlich willst du keine Doktorarbeit schreiben, sondern ein Rezept kochen.

Ich habe dir für jedes Gericht die Zeit angegeben, die du vom ersten Handgriff bis zum letzten Schliff benötigst. Auch jegliche Back-, Koch- und Garzeiten sind darin eingerechnet. So kannst du dir für einen stressigen Tag ein 15-Minuten-Gericht aussuchen oder etwas Aufwendigeres, wenn du richtig Lust auf eine ausgiebige Kochsession hast. Außerdem siehst du auf jeder Seite direkt zu Beginn, für wie viele Personen das Gericht geeignet ist. Da die meisten Studierenden alleine oder in kleinen WGs wohnen, ist die Menge meistens für 2 oder 3 Portionen angegeben, du kannst sie aber ganz nach Bedarf abändern. Damit du direkt siehst, welche Dinge auf deinen Einkaufszettel müssen, gibt es auf jeder Seite eine Zutatenliste. Von der Hauptzutat bis zur Prise Salz habe ich für dich alles in der Liste aufgeführt, damit es beim Kochen keine bösen Überraschungen gibt. Um dir auch hier ein einfaches Nachkochen zu ermöglichen, habe ich darauf geachtet, Zutaten zu verwenden, die viele bereits zu Hause haben. Außerdem bestehen die meisten Gerichte aus wenigen Bestandteilen, um nicht viel dazukaufen zu müssen.

Die Rezeptanleitungen führen dich Schritt für Schritt durch den Kochprozess. Nach jedem Rezept gibt es zusätzlich eine Variationsmöglichkeit, sodass du aus einem Grundrezept mehrere Gerichte herstellen kannst. Als kleines Geschenk habe ich für dich nicht nur Rezepte zusammengestellt, sondern daraus auch einen Wochenplan kreiert, mit dem du dir morgens, mittags und abends schnell etwas Leckeres zubereiten kannst. Außerdem warten noch ein paar Bonusrezepte auf dich, die dir in der Klausurphase schnell und gesund Energie liefern. Den Link dazu findest du auf der letzten Seite.

Lass dich von den abwechslungsreichen Gerichten in diesem Buch inspirieren und genieße die vegetarischen Studi-Gerichte in stressigen Klausurphasen, an vollen Uni-Tagen oder während eines entspannten WG-Abends. Die kreativen und leckeren Rezepte machen jeden Tag deines Studentenlebens ein bisschen genussvoller und sorgen für entspannte Momente abseits deines stressigen Alltags.

Und jetzt: Viel Spaß beim Kochen!

# Salate

# Linsen-Salat

**Minuten: 30** **Portionen: 2**

**Zutaten:**

- 70 g rote Linsen
- 250 ml Gemüsebrühe
- 2 Tomaten
- 1 Knoblauchzehe
- 1 Zwiebel
- 1 EL Zitronensaft
- 2 EL Olivenöl
- 1 TL Petersilie
- Salz
- Pfeffer

**Zubereitung:**

1. Bringe die Gemüsebrühe in einem Topf zum Kochen. Wasche in der Zwischenzeit die Linsen in einem Sieb und gib sie danach für 10 Minuten in das kochende Wasser.
2. Wasche die Tomaten und schneide sie in Würfel. Schäle die Zwiebel und Knoblauchzehe und schneide beides in Würfel.
3. Vermische den Zitronensaft in einer Schale mit dem Olivenöl, etwas Salz und Pfeffer sowie den Zwiebel- und Knoblauchstücken zu einem Dressing.

4. Lasse die gekochten Linsen in einem Sieb abtropfen und vermische sie anschließend in einer Schüssel mit den Tomaten, der Petersilie und dem Dressing, bevor du den Linsen-Salat auf den Tellern verteilst.

---

**Variation:**

- Den Salat kannst du mit beliebigem Gemüse ergänzen. Besonders gut passen Paprika oder Zucchini. Um das Gericht noch frischer zu gestalten, kannst du es mit einem Klecks Kräuterquark verfeinern. Der Salat eignet sich außerdem gut als Beilage zu anderen vegetarischen Gerichten wie beispielsweise den Backofen-Falafel (S. 148) aus diesem Kochbuch.

# Blumenkohl-Kichererbsen-Salat

**Minuten: 25** **Portionen: 2**

**Zutaten:**

- ½ Blumenkohl
- 150 g Kichererbsen (Dose)
- 100 g Zuckerschoten
- 1 EL Olivenöl
- 1 TL Zitronensaft
- 50 ml Gemüsebrühe
- 3 Datteln (getrocknet)
- 4 EL Joghurt
- Salz
- Pfeffer

**Zubereitung:**

1. Teile den Blumenkohl in kleine Röschen und wasche diese. Erhitze das Olivenöl in einer Pfanne und brate die Blumenkohl-Röschen darin für etwa 5 Minuten an.
2. Würze den Blumenkohl in der Pfanne mit Salz sowie Pfeffer und gib die Gemüsebrühe hinzu. Lasse das Ganze aufkochen und stelle es anschließend beiseite.
3. Lasse die Kichererbsen in einem Sieb abtropfen. Wasche die Zuckerschoten, schneide an beiden Seiten die Enden ab und halbiere sie. Schneide die Datteln in kleine Stücke.

4. Verrühre den Joghurt mit dem Zitronensaft in einer Schüssel und würze das Ganze mit Salz und Pfeffer.

5. Vermische den Blumenkohl in einer Schüssel mit den Kichererbsen, Zuckerschoten und Datteln. Gib im Anschluss das Joghurt-Dressing darüber und richte den Salat auf den Tellern an.

---

**Variation:**

- ✔ Um das Dressing noch etwas aromatischer zu machen, kannst du den Quark mit Kräutern anrühren. Dazu eignen sich beispielsweise Petersilie, Basilikum und Thymian. Anstelle des Olivenöls kannst du auch Sesamöl verwenden, um eine andere Geschmacksnote in das Gericht zu bringen. Die Zuckerschoten kannst du in der Pfanne mit dem Blumenkohl anbraten, wenn du das Gemüse in roher Form nicht magst. Das Gericht kannst du gut als Beilage zu anderen vegetarischen Gerichte verwenden, wie beispielsweise dem panierten Blumenkohl (S. 108) aus diesem Kochbuch.

# Röstkartoffel-Salat

**Minuten: 35** **Portionen: 4**

**Zutaten:**

- 500 g Drillinge-Kartoffeln
- 100 g Feldsalat
- 100 g Kirschtomaten
- 100 g Feta
- 1 Knoblauchzehe
- 1 TL Zitronensaft
- 1 EL Senf
- 1 EL Honig
- 2 EL Olivenöl
- Salz
- Pfeffer

**Zubereitung:**

1. Heize den Backofen auf 180 °C (Ober-/Unterhitze) vor.
2. Wasche die Drillinge und halbiere sie.
3. Vermische für die Marinade den Senf in einer kleinen Schüssel mit dem Honig, Öl und Zitronensaft. Schäle die Knoblauchzehe und presse sie über der Marinade aus. Gib die halbierten Drillinge in die Schüssel und verrühre sie mit der Marinade.

4. Würze anschließend alles mit Salz und Pfeffer. Verteile die Drillinge auf einem Backblech und gib sie für 30 Minuten in den Backofen.
5. Wasche den Feldsalat und die Tomaten. Viertle die Tomaten und schneide den Feta in kleine Würfel.
6. Nimm die Drillinge aus dem Ofen und lasse sie 5 Minuten abkühlen. Vermenge anschließend die Drillinge mit den Tomaten, dem Feldsalat und dem Feta in einer Schüssel.
7. Richte den Röstkartoffel-Salat anschließend auf den Tellern an.

---

**Variation:**

- ✔ Der Salat schmeckt auch ohne Dressing gut, da die Marinade von den Kartoffeln Geschmack und Flüssigkeit abgibt. Alternativ kannst du aber auch etwas Zaziki oder Kräuterquark untermischen. Der Salat eignet sich außerdem gut als Beilage zu anderen vegetarischen Gerichten wie beispielsweise der gefüllten Paprika (S. 146) aus diesem Kochbuch.

# Mexikanischer Mais-Salat

**Minuten: 25** **Portionen: 4**

**Zutaten:**

- 300 g Mais (Dose)
- 1 reife Avocado
- 2 Paprika
- 400 g Kidneybohnen
- 400 g Kirschtomaten
- 1 Salatgurke
- 1 rote Zwiebel
- 1 EL Ahornsirup
- 5 EL Olivenöl
- 1 EL Zitronensaft
- 1 Knoblauchzehe
- Salz
- Pfeffer

**Zubereitung:**

1. Lasse den Mais und die Kidneybohnen in einem Sieb abtropfen.
2. Wasche die Paprika sowie die Salatgurke und schneide beides in Stücke. Schäle die Zwiebel und schneide sie in kleine Würfel. Wasche die Kirschtomaten und halbiere sie.
3. Gib das geschnittene Gemüse mit dem Mais und den Kidneybohnen in eine große Schüssel.

4. Schäle die Knoblauchzehe. Halbiere die Avocado und entnimm mit einem Löffel den Inhalt der beiden Hälften. Gib diese für das Dressing mit dem Olivenöl, dem Zitronensaft, der Knoblauchzehe und dem Ahornsirup in einen Mixer. Püriere alles, bis eine sämige Masse entsteht.

5. Gib das Dressing über die Schüssel mit den restlichen Zutaten und vermische alles gut, bevor du den Salat auf den Tellern anrichtest.

---

**Variation:**

- Solltest du das Avocado-Zitronen-Dressing nicht mögen, kannst du alternativ ein Honig-Senf-Dressing kreieren. Vermenge dafür 1 EL Senf mit 2 EL flüssigem Honig in einem Schälchen. Füge 1 EL Essig und 5 EL Olivenöl hinzu. Verrühre das Dressing gründlich und schmecke alles mit Salz und Pfeffer ab. Das Gericht eignet sich außerdem gut als Beilage zu anderen vegetarischen Gerichten wie beispielsweise den Möhren-Frikadellen (S. 100) aus diesem Kochbuch.

# Feldsalat mit Camembert

Minuten: 20

Portionen: 1

## Zutaten:

- 100 g Camembert
- 2 TL Honig
- 100 g Feldsalat
- 50 g Champignons
- 1 TL Balsamessig
- 1 EL Olivenöl
- Salz
- Pfeffer

## Zubereitung:

1. Heize deinen Backofen auf 200 °C (Ober-/Unterhitze) vor.
2. Gib den Camembert auf ein Backblech und beträufle ihn mit 1 TL Honig. Lasse den Käse für ca. 10 Minuten im Backofen, bis er leicht braun wird.
3. Wasche den Feldsalat und putze die Champignons. Schneide sie in feine Scheiben.
4. Vermenge in einer kleinen Schüssel das Öl mit dem Essig, dem restlichen Honig sowie etwas Salz und Pfeffer.
5. Verrühre die Zutaten zu einem Dressing.

6. Nimm den Camembert aus dem Ofen. Verteile den Feldsalat und die Champignons auf dem Teller. Richte den Camembert auf dem Salat an und gib vor dem Servieren das Dressing darüber.

---

**Variation:**

- Anstelle des normalen Camemberts kannst du einen Backcamembert verwenden. Dieser macht das Gericht noch etwas knuspriger. Alternativ kannst du den Salat auch mit Nüssen abrunden. Besonders gut eigenen sich Walnüsse oder Cashews.

# Brokkoli-Salat

**Minuten: 20** **Portionen: 1**

**Zutaten:**

- 250 g Brokkoli
- 50 g Champignons
- 1 Frühlingszwiebel
- 3 EL Joghurt
- 1 Ei
- 1 EL Zitronensaft
- 1 TL Senf
- Salz
- Pfeffer

**Zubereitung:**

1. Zerteile den Brokkoli in kleine Röschen und wasche diese anschließend.
2. Erhitze gesalzenes Wasser in einem Topf und gib die Brokkoli-Röschen für 5 Minuten hinein, bis sie gar sind. Lasse sie anschließend abtropfen.
3. Koche das Ei für 10 Minuten in einem Eierkocher oder einem weiteren Topf mit heißem Wasser. Schrecke es anschließend unter kaltem Wasser ab und lasse das Ei abkühlen.

4. Putze die Champignons und schneide sie in feine Scheiben. Wasche die Frühlingszwiebel und schneide sie in feine Ringe.
5. Gib die Champignons sowie die Frühlingszwiebel mit dem gegarten Brokkoli in eine Schüssel. Vermenge den entstandenen Salat vorsichtig.
6. Verrühre für das Dressing den Joghurt mit dem Senf, Zitronensaft sowie etwas Salz und Pfeffer in einer kleinen Schüssel.
7. Gib das Dressing über das Gemüse in der Schüssel und vermische alles miteinander.
8. Pelle das Ei und schneide es in Stücke. Verteile den Salat auf dem Teller und gib das Ei als Topping darüber.

---

**Variation:**

- ✔ Anstelle von Brokkoli kannst du auch Blumenkohl verwenden. Als Topping für den Salat eignet sich neben dem Ei auch ein Kerne-Mix, beispielsweise aus Kürbiskernen, Sonnenblumenkernen und Leinsamen. Der Salat eignet sich gut als Beilage zu anderen vegetarischen Gerichten wie beispielsweise den Fächerkartoffeln (S. 140) aus diesem Kochbuch.

# Glasnudel-Salat

**Minuten: 30** **Portionen: 2**

**Zutaten:**

- 150 g Glasnudeln
- 1 Knoblauchzehe
- 40 g Erdnüsse
- 4 Frühlingszwiebeln
- 1 Möhre
- 1 Limette
- 3 Stiele Koriander
- 10 g Ingwer
- 4 EL Sojasoße
- 2 EL Olivenöl
- 1 TL Zucker
- Salz
- Pfeffer

**Zubereitung:**

1. Gib die Glasnudeln in eine Schüssel und übergieße sie mit heißem Wasser. Lasse sie für ca. 10 Minuten in dem heißen Wasser ziehen, bis sie gar sind.
2. Schäle den Ingwer (nutze dazu am besten einen Teelöffel, um die Schale abzuschaben) sowie die Knoblauchzehe und hacke beides fein.

3. Wasche die Frühlingszwiebeln und schneide sie in feine Ringe. Schäle die Möhre und nutze den Schäler erneut, um die Möhre in dünne Spalten zu schneiden. Alternativ kannst du die Möhre auch mit einer Küchenreibe raspeln.
4. Halbiere die Limette und presse den Saft in eine Schüssel. Verrühre den Saft mit der Sojasoße, 1 EL Öl, dem Zucker und Ingwer zu einem Dressing. Schmecke es mit Salz und Pfeffer ab.
5. Erhitze das restliche Öl in einer Pfanne und gib den Knoblauch hinein. Brate diesen für 2 Minuten an und gib anschließend die Glasnudeln hinzu. Schwenke beides für weitere 2 Minuten in der Pfanne.
6. Gib die Glasnudeln mit den Frühlingszwiebeln und den Möhren in eine Schüssel. Vermische alles mit dem Dressing.
7. Wasche den Koriander und hacke ihn wie die Erdnüsse in feine Stücke. Gib den Glasnudel-Salat auf die Teller und verteile den Koriander sowie die Erdnüsse vor dem Servieren darüber.

---

**Variation:**

- ✔ Wenn du die Glasnudeln nicht anbraten möchtest, kannst du die Nudeln auch direkt in die Schüssel zu den restlichen Zutaten geben. Den Knoblauch kannst du einfach über dem Salat auspressen. Als Alternative zu den Glasnudeln kannst du auch Reisnudeln verwenden. Wenn du einen gehaltvolleren Salat haben möchtest, kannst du zudem Tofu anbraten und diesen hinzugeben.

# Grüne-Bohnen-Salat

**Minuten: 30** **Portionen: 4**

**Zutaten:**

- 500 g grüne Bohnen
- 150 g Feta
- 250 g Datteltomaten
- 1 rote Zwiebel
- 1 TL Senf
- 3 EL Balsamessig
- 6 EL Olivenöl
- 1 EL Ahornsirup
- Salz
- Pfeffer

**Zubereitung:**

1. Wasche die Bohnen, entferne die Enden und halbiere sie.
2. Erhitze gesalzenes Wasser in einem Topf und gib die Bohnen für 10 Minuten in das kochende Wasser. Lasse sie anschließend abtropfen und stelle sie beiseite.
3. Wasche die Tomaten und halbiere sie. Schäle die Zwiebel und schneide sie in feine halbe Ringe.
4. Vermische das Öl mit dem Balsamessig, Senf und Ahornsirup in einer Schüssel. Schmecke das Dressing mit Salz und Pfeffer ab.

5. Gib die Bohnen mit den Zwiebeln und den Tomaten in eine große Schüssel.

6. Zerbrösle den Feta mit den Händen und gib ihn zu den anderen Zutaten in die Schüssel.

7. Gieße anschließend das Dressing dazu und vermische alles miteinander, bevor du den Salat servierst.

---

**Variation:**

- ✔ Um das Dressing ausgefallener zu gestalten, kannst du Paprikapulver oder Estragon hinzufügen. Wenn du keine grünen Bohnen magst, kannst du alternativ Zuckerschoten verwenden. Den Salat kannst du gut als Beilage zu anderen Gerichten wie beispielsweise den Quetschkartoffeln (S. 132) aus diesem Kochbuch servieren.

# Rucola-Salat mit Mango

**Minuten: 25** **Portionen: 2**

**Zutaten:**

- 100 g Rucola
- 1 Mango
- 100 g Mozzarellakugeln
- 2 EL Orangensaft
- 2 TL Pinienkerne
- 1 TL Ahornsirup
- 1 EL Olivenöl
- 1 EL Balsamessig
- Salz
- Pfeffer

**Zubereitung:**

1. Wasche den Rucola. Halbiere die Mango und schneide das Fruchtfleisch heraus. Schneide es anschließend in Stücke.
2. Gib die Pinienkerne in eine Pfanne ohne Fett und röste sie darin an, bis sie leicht braun werden.
3. Vermische für das Dressing den Orangensaft mit dem Öl, Balsamessig und Ahornsirup in einer Schüssel. Schmecke das Dressing mit Salz und Pfeffer ab.

4. Gib den Rucola zusammen mit den Mangostücken und den Mozzarellakugeln in eine große Schüssel.
5. Gieße das Dressing über die Zutaten und vermenge alles miteinander.
6. Verteile den Salat auf den Tellern und gib die gerösteten Pinienkerne vor dem Servieren darüber.

---

**Variation:**

- ✔ Um den Salat gehaltvoller zu gestalten, kannst du noch eine Avocado hinzufügen. Schneide diese in Stücke und hebe sie unter den Salat. Anstelle der Mango kannst du auch Orangen in Stücke schneiden und in den Salat geben. Der Salat eignet sich auch als Beilage zu anderen Gericht wie beispielsweise den gebackenen Süßkartoffeln (S. 174) aus diesem Kochbuch.

# Suppen

# Kartoffel-Suppe

**Minuten: 45**

**Portionen: 3**

**Zutaten:**

- 600 g Kartoffeln (mehlig kochend)
- 2 Möhren
- 150 g Porree
- 1 Zwiebel
- 2 EL Butter
- 250 ml Sahne
- 250 ml Gemüsebrühe
- 1 TL Majoran
- Salz
- Pfeffer

**Zubereitung:**

1. Schäle die Kartoffeln sowie die Möhren und schneide sie in grobe Würfel. Wasche den Porree und schneide diesen in Ringe, nachdem du die Enden entfernt hast. Schäle die Zwiebel und schneide sie in Würfel.
2. Lass die Butter in einem großen Topf schmelzen und dünste darin die Zwiebelstücke, bis sie glasig sind.
3. Gib anschließend die Möhren und den Porree hinzu. Dünste beides für 5 Minuten, gib dann die Kartoffeln und den Majoran

hinzu. Gieße die Gemüsebrühe in den Topf und lasse alles für 20 Minuten mit geschlossenem Deckel köcheln.

4. Püriere die Masse anschließend mit einem Pürierstab zu einer Suppe, bis sie die von dir gewünschte Konsistenz hat. Sie schmeckt sowohl als fein pürierte Creme als auch als stückige Suppe.

5. Gib anschließend die Sahne in den Topf und lasse die Suppe ein weiteres Mal aufkochen. Schmecke die Suppe mit Salz und Pfeffer ab, bevor du sie servierst.

---

**Variation:**

- ✔ Um die Suppe würziger zu gestalten, kannst du noch Sellerie hinzufügen. Schäle diesen und schneide ihn in Stücke, gib ihn anschließend mit den Möhren und dem Porree in den Topf. Als weitere Geschmacksnote eignet sich Muskat. Würze die Suppe damit, bevor du sie servierst. Anstelle der Kartoffeln kannst du auch Kohlrabi oder Blumenkohl verwenden. Passe hier die Garzeit auf 10 Minuten (anstelle der 20 Minuten) an.

# Cashew-Ramen

**Minuten: 40** **Portionen: 2**

**Zutaten:**

- 120 g Instant-Ramen-Nudeln
- 1 Paprika
- ½ Zwiebel
- 1 Knoblauchzehe
- 50 g Cashewnüsse
- 1 TL Honig (flüssig)
- 2 EL Sojasoße
- 2 EL Olivenöl
- ½ TL Gemüsebrühe
- Salz
- Pfeffer

**Zubereitung:**

1. Schäle die Zwiebeln und den Knoblauch, und schneide beides anschließend in feine Stücke.
2. Putze den Rosenkohl, wasche ihn und entferne die äußeren Blätter. Wirf diese Blätter aber nicht weg, sondern hebe sie für später auf. Halbiere die einzelnen Röschen.
3. Erhitze Butter in einem großen Topf und dünste darin den Knoblauch, die Zwiebeln und den Rosenkohl an.

4. Gieße das Gemüse mit 500 ml Wasser und der Sahne an. Rühre die Gemüsebrühe ein und lasse alles für ca. 15 Minuten köcheln.
5. Blanchiere die Rosenkohlblätter, indem du sie für 1 Minute in kochendes gesalzenes Wasser gibst. Schrecke sie anschließend kalt ab und lasse sie abtropfen.
6. Zerzupfe das Brot und brate es in einer Pfanne mit Öl rundherum knusprig an. Gib die Rosenkohlblätter (aus Punkt 1) hinzu und schwenke sie für kurze Zeit durch. Würze das Ganze mit den Chiliflocken.
7. Püriere das Gemüse in der Gemüsebrühe mit einem Stabmixer zu einer feinen Suppe. Schmecke sie vor dem Servieren mit Salz, Pfeffer und Muskat ab. Sollte dir die Suppe zu dickflüssig sein, kannst du ein wenig Gemüsebrühe oder Sahne nachgießen.
8. Gieße die Suppe in die Suppenteller und richte sie mit den Rosenkohl-Brot-Chili-Croûtons an.

---

**Variation:**

- ✔ Die Ramen-Suppe kannst du durch Gemüse deiner Wahl erweitern. Neben Paprika eignen sich Zucchini oder Brokkoli. Um die Suppe gehaltvoller zu gestalten, kannst du auch Tofu hinzufügen. Schneide diesen in Stücke und lege ihn für kurze Zeit in 2 EL Sojasoße oder andere würzige Soßen ein. Brate ihn anschließend mit dem Gemüse in der Pfanne an, bevor du die Nudeln und das Wasser hinzugibst.

# Lauch-Suppe

**Minuten: 30**

**Portionen: 2**

**Zutaten:**

- 1 Stange Lauch
- 300 g Kartoffeln
- 300 ml Gemüsebrühe
- 2 EL Sahne
- 2 Stiele Petersilie
- Salz
- Pfeffer

**Zubereitung:**

1. Wasche den Lauch und schneide diesen in feine Ringe, nachdem du die Enden entfernt hast.
2. Schäle die Kartoffeln und schneide sie in Würfel.
3. Erhitze die Gemüsebrühe in einem Topf und gib die Lauch- sowie Kartoffelstücke hinzu. Lasse die Suppe für 15 Minuten köcheln. Gib dabei den Deckel auf den Topf, damit kein Wasser kondensieren kann.
4. Wasche die Petersilie und zupfe die Blätter ab. Hacke die Blätter anschließend in Stücke.

5. Püriere den gekochten Lauch und die Kartoffeln anschließend mit einem Stabmixer zu einer Suppe. Schmecke sie mit Salz und Pfeffer ab.
6. Rühre die Sahne unter, bevor du die Suppe auf den Tellern verteilst. Bestreue die Suppe mit der Petersilie und serviere sie.

---

**Variation:**

- ✔ Gut zu dieser Suppe passt Laugengebäck, welches du als Beilage servieren kannst. Alternativ kannst du in die Suppe 50 g Schmelzkäse geben, um sie sämiger und gehaltvoller zu machen.

# Asiatische Spinat-Suppe

**Minuten: 30** **Portionen: 4**

**Zutaten:**

- 150 g Blattspinat
- 1 Zwiebel
- 2 Möhren
- 500 g Kartoffeln
- 400 ml Kokosmilch
- 1 l Gemüsebrühe
- 2 TL Currypaste
- 1 TL Paprikapulver
- 1 EL Olivenöl
- Salz
- Pfeffer

**Zubereitung:**

1. Schäle die Zwiebel und schneide sie in feine Würfel. Schäle die Kartoffeln und schneide sie in Stücke. Schäle die Möhren und schneide sie in dünne Scheiben.
2. Erhitze das Öl in einem großen Topf und brate die Zwiebel darin für 2 Minuten an.
3. Gib anschließend die Kartoffeln sowie die Möhren hinzu und dünste beides für weitere 3 Minuten.

4. Gieße die Masse mit der Gemüsebrühe auf. Gib die Kokosmilch mit der Currypaste und dem Paprikapulver ebenfalls in den Topf. Würze die Masse mit Salz und Pfeffer.
5. Lasse die Suppe (mit geschlossenem Deckel) für 20 Minuten köcheln.
6. Wasche den Blattspinat und gib ihn 5 Minuten vor dem Ende der Kochzeit in den Topf hinzu.
7. Schmecke die Suppe vor dem Servieren noch einmal mit Salz und Pfeffer ab.

---

**Variation:**

- ✔ Anstelle der Kokosmilch kannst du auch Sahne verwenden. Die Möhren lassen sich durch Paprika oder Zucchini ersetzen. Wenn du keinen frischen Blattspinat zu Hause hast, kannst du alternativ TK-Spinat verwenden. Achte darauf, die Kochzeit dabei anzupassen (s. Hinweise auf der Verpackung).

# Brokkoli-Suppe

**Minuten: 25** **Portionen: 2**

**Zutaten:**

- 500 g Brokkoli
- 1 Zwiebel
- 2 Knoblauchzehen
- 100 ml Sahne
- 500 ml Gemüsebrühe
- 4 TL saure Sahne
- 1 EL Olivenöl
- Muskat
- Salz
- Pfeffer

**Zubereitung:**

1. Zerteile den Brokkoli in Röschen und wasche diese. Schäle die Zwiebel und die Knoblauchzehen, hacke beides in feine Stücke.
2. Gib das Öl in einen Topf und brate die Zwiebel- und Knoblauchstücke darin für 2 Minuten an.
3. Gib anschließend den Brokkoli hinzu und dünste ihn für weitere 3 Minuten.
4. Gieße das Gemüse in dem Topf mit der Brühe auf und lasse die Suppe für 10 Minuten köcheln.

5. Püriere die Suppe mit einem Stabmixer fein und rühre die Sahne unter.
6. Lasse die Masse erneut aufkochen und schmecke alles mit Salz und Pfeffer ab.
7. Rühre zum Schluss die saure Sahne unter die Suppe und serviere sie anschließend.

---

**Variation:**

- ✔ Anstatt Sahne kannst du auch Milch verwenden. Gib dafür ca. 1 EL mehr saure Sahne hinzu, da die Suppe sonst zu flüssig wird. Anstelle von Brokkoli kannst du auch Blumenkohl oder Kohlrabi verwenden.

# Champignon-Suppe

**Minuten: 30** **Portionen: 4**

**Zutaten:**

- 300 g Champignons
- 2 Zwiebeln
- 150 g Crème fraîche
- 40 g Butter
- 1 EL Mehl
- 1 l Gemüsebrühe
- 4 Stiele Petersilie
- 1 TL Zitronensaft
- Salz
- Pfeffer

**Zubereitung:**

1. Putze die Champignons und schneide sie in feine Scheiben. Schäle die Zwiebeln und schneide sie in feine Stücke.
2. Erhitze die Butter in einem Topf und gib die Zwiebeln hinein. Brate sie für 2 Minuten darin an.
3. Gib dann die Champignons hinzu und brate diese für weitere 2 Minuten an.
4. Streue anschließend das Mehl darüber und rühre die Zutaten in der Pfanne so lange um, bis das Mehl eingezogen ist.

5. Lösche anschließend alles mit der Gemüsebrühe ab und lasse die Suppe aufkochen. Würze die Suppe mit Salz und Pfeffer und lasse sie für 5 Minuten köcheln.
6. Wasche die Petersilie, zupfe die Blättchen ab und hacke sie fein.
7. Gib die Crème fraîche nach dem Ende der Kochzeit in die Suppe, füge ebenfalls den Zitronensaft und die Petersilie hinzu.
8. Verrühre alles miteinander und schmecke die Suppe vor dem Servieren erneut mit Salz und Pfeffer ab.

---

**Variation:**

- ✔ Für eine asiatische Note kannst du 1 TL Currypulver hinzufügen. Gib dieses in den Topf, bevor du die Brühe hinzugibst. So kann sich der Currygeschmack besser entfalten.

# Reisnudel-Suppe

**Minuten: 35** **Portionen: 3**

**Zutaten:**

- 500 g Brokkoli
- 150 g breite Reisnudeln
- 1 Zwiebel
- 2 Knoblauchzehen
- 10 g Ingwer
- 2 EL Currypaste
- 400 ml Kokosmilch
- 800 ml Gemüsebrühe
- 1 EL Olivenöl
- 2 TL Kurkuma
- Salz
- Pfeffer

**Zubereitung:**

1. Lasse die Nudeln in heißem Wasser garen, bis sie die gewünschte Konsistenz erreicht haben. Schäle die Zwiebel sowie den Knoblauch und hacke beides fein.
2. Schäle den Ingwer (nutze dazu am besten einen Teelöffel, um die Schale abzuschaben) und hacke ihn ebenfalls fein.
3. Erhitze das Öl in einem Topf und brate darin die Zwiebel-, Knoblauch- und Ingwerstücke für 4 Minuten an.

4. Gib die Currypaste, Kurkuma, Salz und Pfeffer ebenfalls in den Topf und lasse alles für eine weitere Minute dünsten.
5. Füge den Brokkoli hinzu und lösche die Masse im Topf mit der Brühe und der Kokosmilch ab.
6. Lasse alles für 6 Minuten köcheln und gib anschließend die Reisnudeln hinzu.
7. Nach weiteren 2 Minuten sollt e der Brokkoli gar sein, sodass du die Suppe auf den Tellern verteilen kannst.

---

**Variation:**

- Zusätzlich zu dem Brokkoli kannst du Spinat zu der Suppe geben. Da dieser aber nur 2 Minuten mitköcheln sollte, ist es wichtig, dass du die Kochzeit entsprechend anpasst. Als Einlage für die Suppe eignen sich auch andere Gemüsesorten wie Zuckerschoten, Paprika oder Zucchini. Anstelle der Kokosmilch kannst du auch Sahne verwenden.

# Pizza-Suppe

**Minuten: 40**

**Portionen: 4**

**Zutaten:**

- 1 Zwiebel
- 1 Paprika
- 150 g Champignons
- 1 Knoblauchzehe
- 200 g Mais (Dose)
- 1 EL Tomatenmark
- 100 g Schmelzkäse
- 250 ml passierte Tomaten
- 250 ml Gemüsebrühe
- 1 EL Balsamessig
- 1 EL italienische Kräuter
- 1 EL Olivenöl
- Salz
- Pfeffer

**Zubereitung:**

1. Schäle die Zwiebel sowie die Knoblauchzehe und hacke beides in feine Stücke. Wasche die Paprika und schneide sie in kleine Streifen. Putze die Champignons und schneide sie in kleine Stücke.
2. Wasche den Mais und lasse ihn anschließend in einem Sieb abtropfen.

3. Erhitze das Öl in einem Topf und lasse die Zwiebel- und Knoblauchstücke darin für 2 Minuten glasig dünsten.
4. Gib die Paprika- und Champignonstücke sowie den Mais hinzu. Lasse das Gemüse für weitere 5 Minuten dünsten, bis die Flüssigkeit in dem Topf verdunstet ist.
5. Gib anschließend das Tomatenmark hinzu und verrühre es mit dem Gemüse.
6. Lösche den Inhalt des Topfes mit der Gemüsebrühe und den passierten Tomaten ab. Lasse die Suppe für 10 Minuten köcheln.
7. Rühre zum Schluss den Balsamessig sowie den Schmelzkäse und die Kräuter unter.
8. Schmecke die Suppe vor dem Servieren mit Salz und Pfeffer ab.

---

**Variation:**

- ✔ Solltest du die Suppe weniger dickflüssig mögen, kannst du den Schmelzkäse weglassen. Alternativ dazu kannst du geriebenen Parmesan über die Suppe streuen.

# Möhren-Suppe mit Ingwer

**Minuten: 35** **Portionen: 4**

**Zutaten:**

- 8 Möhren
- 20 g Ingwer
- 1 Zwiebel
- 1 l Gemüsebrühe
- 1 TL Honig (flüssig)
- 100 ml Orangensaft
- 2 EL Olivenöl
- 1 EL Currypulver
- Salz
- Pfeffer

**Zubereitung:**

1. Schäle die Möhren, die Zwiebel und den Ingwer (nutze für den Ingwer am besten einen Teelöffel, um die Schale abzuschaben). Schneide die Möhren und die Zwiebel in grobe Stücke und hacke den Ingwer fein.
2. Erhitze das Olivenöl in einem großen Topf und brate die Zwiebeln sowie die Möhren für 5 Minuten an, bis die Zwiebeln glasig sind.
3. Gib den Ingwer, das Currypulver und den Honig hinzu. Lasse die Masse für 2 Minuten mitdünsten.

4. Lösche alles mit der Gemüsebrühe und dem Orangensaft ab. Gib den Deckel auf den Topf und lasse die Suppe für 20 Minuten köcheln.

5. Püriere die Suppe nach der Kochzeit mit einem Stabmixer fein. Würze die Suppe mit Salz und Pfeffer, bevor du sie auf den Tellern verteilst.

---

**Variation:**

- ✔ Wenn du die Suppe etwas schärfer magst, kannst du Chiliflocken als Topping ergänzen. Außerdem eignen sich gehackte Erdnüsse gut als Topping, zum Verstreuen über der Suppe. Als Alternative zu einer reinen Möhrensuppe kannst du auch die Hälfte der Möhren durch Pastinaken ersetzen, dadurch bekommt die Suppe ein feineres Aroma und schmeckt abwechslungsreicher.

# Nudeln, Gnocchi, Spätzle

# Spaghetti alla Puttanesca

**Minuten: 25** **Portionen: 2**

**Zutaten:**

- 200 g Spaghetti
- 1 TL Kapern
- 1 Knoblauchzehen
- 50 g Oliven (entkernt)
- 2 EL Olivenöl
- 200 g stückige Tomaten
- Salz
- Pfeffer

**Zubereitung:**

1. Erhitze in einem großem Topf gesalzenes Wasser und koche die Nudeln darin.
2. Wasche die Kapern und schneide sie in feine Stücke. Schneide die Oliven ebenfalls in feine Stücke. Schäle den Knoblauch und hacke ihn fein.
3. Gib das Olivenöl in eine Pfanne und brate die Knoblauchstücke darin für 2 Minuten an. Gib die Kapern und die Oliven für weitere 3 Minuten hinzu, dünste alles bei niedriger Hitze.

4. Gib die stückigen Tomaten in die Pfanne hinzu. Verrühre die Zutaten miteinander und lasse die Tomatensoße köcheln, bis sie ein wenig dickflüssiger wird.

5. Gieße anschließend 2 EL des Nudelwassers hinzu, um die Soße zu binden. Schmecke die Nudelsoße mit Salz und Pfeffer ab.

6. Schütte die Nudeln zum Abtropfen in ein Sieb und gib sie anschließend zu der Soße in die Pfanne. Wende die Nudeln darin, bevor du sie zum Servieren auf den Tellern verteilst.

---

**Variation:**

- ✔ Wenn du keine Oliven magst, kannst du diese weglassen oder durch frisches Gemüse, wie beispielsweise Paprika oder Champignons ersetzen. Da die Oliven viel Würze abgeben, solltest du bei der Gemüsevariante mehr würzen. Um das Gericht etwas dickflüssiger zu machen, kannst du neben dem Nudelwasser auch Tomatenmark hinzufügen. Dieses bindet die Soße und gibt einen würzigen Geschmack ab.

# Kichererbsen-Pasta

**Minuten: 25** **Portionen: 2**

**Zutaten:**

- 200 g Kichererbsen (Dose)
- 200 g Spaghetti
- 1 Zwiebel
- 2 EL Tomatenmark
- 1 TL italienische Kräuter
- 250 ml Gemüsebrühe
- 2 EL Olivenöl
- Salz
- Pfeffer

**Zubereitung:**

1. Schäle die Zwiebel und hacke sie fein. Erhitze das Öl in einem Topf und dünste die Zwiebelstückchen darin für 4 Minuten an, bis sie glasig sind.
2. Wasche die Kichererbsen und lasse sie in einem Sieb abtropfen. Gib sie danach ebenfalls in den Topf.
3. Gieße die Gemüsebrühe und gib das Tomatenmark hinzu. Würze die Mischung mit den italienischen Kräutern und lasse alles für 8 Minuten köcheln.

4. Bringe in einem weiteren Topf gesalzenes Wasser zum Kochen und gare die Nudeln darin.

5. Gieße die Nudeln ab und gib sie in den Topf mit der Soße. Vermische alles gut miteinander und serviere das Gericht anschließend.

---

**Variation:**

- ✔ Wenn du das Gericht abwechslungsreicher gestalten möchtest, kannst du Gemüse hinzufügen. Champignons, Tomaten oder Paprika eignen sich besonders gut. Schneide das Gemüse klein und gib es mit den Zwiebeln zum Anbraten in den Topf.

# Käsespätzle

**Minuten: 45**

**Portionen: 2**

**Zutaten:**

- 500 g frische Spätzle
- 120 g Emmentaler
- 120 g Bergkäse
- 1 Zwiebel
- 3 EL Butter
- 1 TL Petersilie
- 25 ml Gemüsebrühe
- Salz
- Pfeffer

**Zubereitung:**

1. Heize den Backofen auf 180 °C (Umluft) vor.
2. Fette eine Auflaufform mit ein wenig Butter ein.
3. Reibe die beiden Käsesorten.
4. Gib abwechselnd eine Schicht Spätzle und eine Schicht des geriebenen Käses in die Auflaufform. Gib über die letzte Spätzle-Schicht die Brühe, bevor du mit der Käseschicht abschließt.
5. Bestreue alles mit ein wenig Pfeffer und gib die Form für 30 Minuten in den Backofen.

6. Sobald die Oberfläche leicht gebräunt ist, sind die Spätzle fertig.
7. Schäle die Zwiebel und schneide sie in feine Ringe.
8. Erhitze die restliche Butter in einer Pfanne und gib die Zwiebelringe hinzu. Brate sie bei hoher Hitze knusprig an und gib sie über die Spätzle.
9. Bestreue das Gericht vor dem Servieren mit der Petersilie.

---

**Variation:**

- ✔ Alternativ kannst du das Gericht auch in einer Pfanne mit Deckel zubereiten. Gib dafür die Spätzle in eine gefettete Pfanne und schwenke sie darin für 10 Minuten, bis sie leicht braun werden. Gib anschließend die Brühe sowie den Pfeffer darüber und verstreue den Käse über den Spätzle. Setze den Deckel auf die Pfanne und drehe die Hitze auf mittlere Stufe. Sobald der Käse geschmolzen ist, sind die Käsespätzle fertig.

# Erbsen-Spinat-Nudeln

**Minuten: 30** **Portionen: 2**

## Zutaten:

- 200 g Farfalle
- 150 g Blattspinat (TK)
- 150 g Erbsen (TK)
- 30 g Parmesan
- 150 ml Sahne
- Salz
- Pfeffer

## Zubereitung:

1. Erhitze gesalzenes Wasser in einem Topf und gare die Nudeln darin. Gieße anschließend die Nudeln in einem Sieb ab und fange das Nudelwasser auf.
2. Nutze den gleichen Topf und gieße die Sahne hinein. Gib den gefrorenen Spinat hinzu und lasse beides aufkochen.
3. Füge die Erbsen hinzu und lasse die Mischung für 5 Minuten köcheln, bis die Erbsen gar sind.
4. Reibe währenddessen den Parmesan fein. Nimm den Topf nach der Kochzeit vom Herd und rühre den Käse ein.

5. Schmecke die Soße mit Salz und Pfeffer ab. Gib die Nudeln hinzu und vermische alles miteinander.
6. Gieße etwas von dem aufbewahrten Nudelwasser hinzu, falls dir die Konsistenz zu trocken ist und serviere die Pasta.

---

**Variation:**

- ✔ Anstelle des Parmesans kannst du auf Gorgonzola zurückgreifen. Dieser gibt dem Gericht eine sehr würzige Note. Anstelle der Erbsen kannst du auch Zuckerschoten oder Prinzessbohnen verwenden.

# Gnocchi-Caprese

**Minuten: 25** **Portionen: 4**

**Zutaten:**

- 300 g frische Gnocchi
- 150 g Kirschtomaten
- 125 g Mozzarella
- 100 ml Sahne
- 1 rote Zwiebel
- 2 Stiele Basilikum
- 1 EL Olivenöl
- Salz
- Pfeffer

**Zubereitung:**

1. Erhitze gesalzenes Wasser in einem Topf und gare die Gnocchi darin.
2. Schäle die Zwiebel und schneide sie in kleine Würfel. Wasche die Tomaten und halbiere sie. Schneide den Mozzarella in feine Streifen.
3. Erhitze das Öl in einer Pfanne und gib die Zwiebeln hinein. Lasse sie für 2 Minuten anschwitzen. Gib anschließend die Tomaten hinzu und lasse sie für weitere 2 Minuten mitbraten.

4. Lösche die Mischung mit der Sahne ab und lasse die Soße für 5 Minuten bei geringer Hitze köcheln.
5. Wasche das Basilikum, zupfe die Blättchen ab und hacke sie fein. Streue es anschließend in die Tomaten-Sahne-Soße. Schmecke die Soße mit Salz und Pfeffer ab.
6. Gieße die Gnocchi in einem Sieb ab und gib sie zu der Soße in die Pfanne. Schwenke die Gnocchi in der Soße, bevor du sie auf den Tellern verteilst.
7. Verteile zum Schluss die Mozzarellascheiben über den Gnocchi.

---

**Variation:**

- ✔ Anstelle der Gnocchi kannst du für dieses Rezept auch Nudeln verwenden. Besonders gut eignen sich Penne oder Farfalle. Als weitere Alternative zu den Gnocchi kannst du auf Schupfnudeln oder vegetarische Tortellini zurückgreifen.

# Blumenkohl-Bolognese

**Minuten: 20** **Portionen: 2**

**Zutaten:**

- 200 g Spaghetti
- 500 g Blumenkohl
- 800 g stückige Tomaten
- 3 EL Tomatenmark
- 2 Knoblauchzehen
- 1 Zwiebel
- 2 TL italienische Kräuter
- 1 TL Oregano
- 1 EL Olivenöl
- Salz
- Pfeffer

**Zubereitung:**

1. Zerteile den Blumenkohl in Röschen und wasche diese. Gib die Röschen in einen Mixer und mixe sie auf niedrigster Stufe, bis sie zerkleinert sind. Sie sollten dabei nicht fein gemahlen sein, aber auch nicht zu grob (da sie als Ersatz für das Hackfleisch in der Bolognese dienen).
2. Schäle die Zwiebel sowie die Knoblauchzehen und hacke beides in feine Stücke.

3. Erhitze gesalzenes Wasser in einem Topf und gare die Spaghetti darin.
4. Erhitze das Öl in einer Pfanne und brate die Zwiebel- sowie die Knoblauchstücke darin für 2 Minuten an, bis sie glasig sind.
5. Gib den zerkleinerten Blumenkohl sowie das Tomatenmark hinzu und brate alles für 3 Minuten an.
6. Gieße anschließend die stückigen Tomaten sowie die Kräuter in die Pfanne.
7. Lasse die Bolognese-Soße für 6 Minuten köcheln und schmecke sie anschließend mit Salz und Pfeffer ab.
8. Gieße die Nudeln ab und verteile sie auf den Tellern. Gib anschließend zum Servieren die Bolognese-Soße darüber.

---

**Variation:**

- ✔ Wenn du keinen Mixer nutzen kannst oder möchtest, kannst du den Blumenkohl alternativ reiben oder fein hacken. Als Alternative zum Blumenkohl kannst du das Gericht auch mit Brokkoli zubereiten. Um das Gericht zu erweitern, kannst du geriebenen Parmesan als Topping über die Bolognese geben.

# Rucola-Penne

**Minuten: 25** **Portionen: 2**

### Zutaten:

- 50 g Rucola
- 200 g Penne
- 100 g Feta
- 200 g Kirschtomaten
- 1 Zwiebel
- 2 EL Pinienkerne
- 1 EL Olivenöl
- Salz
- Pfeffer

### Zubereitung:

1. Schäle die Zwiebel und schneide sie in feine Würfel. Wasche die Kirschtomaten und halbiere sie. Wasche den Rucola und halbiere die Blätter. Zerbrösle den Feta grob mit den Händen.
2. Erhitze gesalzenes Wasser in einem Topf und koche die Penne darin nach Packungsanweisung.
3. Röste die Pinienkerne in einer fettfreien Pfanne, bis sie leicht braun werden.
4. Erhitze das Öl in der Pfanne und dünste die Zwiebeln darin für 3 Minuten an.

5. Gib die Kirschtomaten für weitere 2 Minuten hinzu.
6. Gieße die Nudeln ab und fange dabei das Nudelwasser auf. Gib die Nudeln in die Pfanne zu den Tomaten und schwenke sie darin.
7. Füge 2-3 EL Nudelwasser hinzu und gib den Feta sowie den Rucola in die Pfanne. Hebe alles miteinander unter und verteile das Gericht auf den Tellern.
8. Streue vor dem Servieren die Pinienkerne über die Rucola-Penne.

---

**Variation:**

- ✔ Wenn du Rucola nicht magst, kannst du alternativ 2 Stiele Basilikum oder auch Feldsalat verwenden. Für eine gehaltvollere Soße kannst du passierte oder stückige Tomaten hinzufügen und diese mit in die Pfanne geben.

# Thai-Pasta

**Minuten: 30** **Portionen: 2**

**Zutaten:**

- 200 g Linguine
- 2 Knoblauchzehen
- 1 Möhre
- 1 Paprika
- 2 Frühlingszwiebeln
- 60 g Erdnüsse (geröstet)
- 1 EL Erdnussbutter
- 500 ml Gemüsebrühe
- 10 g Ingwer
- 1 EL Sojasoße
- 1 EL Zitronensaft
- 1 TL Koriander
- Salz
- Pfeffer

**Zubereitung:**

1. Schäle die Knoblauchzehen sowie den Ingwer (nutze dazu am besten einen Teelöffel, um die Schale abzuschaben) und hacke sie fein.
2. Schäle die Möhre und schneide sie in schmale Streifen. Wasche die Paprika und die Frühlingszwiebeln. Schneide die Paprika in kleine Stücke und die Frühlingszwiebeln in feine Ringe.
3. Gieße die Gemüsebrühe mit 30 ml Wasser in einen Topf.

4. Gib die Nudeln, die Knoblauchzehen, Paprika, Ingwer, Möhren, Frühlingszwiebeln, Erdnüsse, Sojasoße, Erdnussbutter sowie etwas Salz und Pfeffer ebenfalls in den Topf.
5. Bringe die Mischung zum Kochen, reduziere dann die Hitze und lasse das Ganze für 10 Minuten ohne Deckel köcheln.
6. Rühre ab und an um, damit sich am Boden des Topfes nichts festsetzen kann. Sollten die Nudeln nach dem Ende der Kochzeit noch nicht gar sein, kannst du etwas Wasser hinzufügen und die Kochzeit verlängern, bis die Nudeln gar sind.
7. Rühre nach der Kochzeit den Zitronensaft und den Koriander unter die Thai-Pasta im Kochtopf. Richte die Nudeln anschließend auf den Tellern an.

---

**Variation:**

- ✔ Anstelle der Linguine kannst du Spaghetti verwenden oder Glasnudeln, um das Gericht asiatischer zu gestalten. Das Gemüse ist austauschbar: gut passen auch Edamame, Zuckerschoten oder Brokkoli.

# Carbonara

Minuten: 20 | Portionen: 2

**Zutaten:**

- 250 g Spaghetti
- 225 g braune Champignons
- 20 g Schnittlauch
- 30 g Parmesan
- 4 Eier
- 1 EL Olivenöl
- Salz
- Pfeffer

**Zubereitung:**

1. Bringe gesalzenes Wasser in einem Topf zum Kochen und lasse die Spaghetti darin garen.
2. Putze die Champignons und schneide sie in feine Scheiben. Wasche den Schnittlauch und hacke ihn klein.
3. Trenne die Eier und gib die Eigelbe in eine große Schüssel. (Das Eiweiß brauchst du für dieses Rezept nicht.)
4. Reibe den Parmesan fein, gib ⅔ davon zu dem Eigelb in die Schüssel.
5. Erhitze das Olivenöl in einer Pfanne und brate die Pilze darin für 5 Minuten an. Würze sie währenddessen mit Pfeffer.

6. Nimm die Pfanne vom Herd, sobald die Champignons braun sind und füge den Schnittlauch hinzu.
7. Gib die Nudeln direkt nach dem Ende der Garzeit aus dem kochenden Wasser in die Eigelb-Parmesan-Mischung und füge 6 EL des Nudelwassers hinzu.
8. Vermenge die Nudeln gründlich mit der Mischung, bevor du die Champignons mit dem Schnittlauch hinzugibst.
9. Schmecke alles mit Salz und Pfeffer ab. Solltest du mehr Soße wollen, gieße noch etwas Nudelwasser nach.
10. Verteile die Nudeln auf den Tellern und bestreue sie vor dem Servieren mit dem restlichen Parmesan.

---

**Variation:**

- ✔ Anstelle der Champignons kannst du auch Zucchini oder Aubergine verwenden. Achte darauf, das Gemüse dünn zu schneiden, damit es in der Pfanne schnell braun wird und die Carbonara-Soße gut aufsaugen kann.

# Rahmspinat-Pasta

**Minuten: 30** **Portionen: 4**

**Zutaten:**

- 750 g Rahmspinat (TK)
- 500 g Spaghetti
- 150 g Kirschtomaten
- 100 g Frischkäse
- 1 Zwiebel
- 1 Knoblauchzehe
- 1 EL Olivenöl
- 50 g Crème fraîche
- 1 EL Zitronensaft
- Salz
- Pfeffer

**Zubereitung:**

1. Schäle die Zwiebel sowie die Knoblauchzehe und hacke beides fein. Wasche die Tomaten und halbiere sie.
2. Erhitze gesalzenes Wasser in einem Topf und gare die Nudeln darin.
3. Gib das Öl in eine Pfanne und erhitze es. Dünste die Zwiebel- und Knoblauchstücke darin für 4 Minuten glasig.

4. Gib den tiefgekühlten Spinat, die Crème fraîche und den Frischkäse ebenfalls in die Pfanne. Verrühre die Zutaten, bis daraus eine einheitliche Soße entsteht.
5. Sollte dir die Soße zu dickflüssig sein, kannst du etwas Nudelwasser hinzugießen. Wenn sie dir zu dünnflüssig ist, dann gib ein wenig Frischkäse hinzu.
6. Rühre den Zitronensaft sowie die Tomaten unter und schmecke die Soße mit Salz und Pfeffer ab.
7. Gieße die Nudeln ab, gib sie in die Pfanne und vermische sie mit der Soße, bevor du die Portionen auf den Tellern verteilst.

---

**Variation:**

- ✔ Die Kirschtomaten kannst du alternativ durch Zucchini ersetzen. Für das Gericht eignen sich auch Spiralnudeln, da sich diese besonders gut mit der Soße vollsaugen. Als Topping für dieses Gericht kannst du Pinienkerne anrösten und diese vor dem Servieren über der Rahmspinat-Pasta verteilen.

# Gnocchi mit Kürbis

**Minuten: 30** **Portionen: 2**

**Zutaten:**

- 250 g Hokkaido-Kürbis
- 250 g frische Gnocchi
- 1 Schalotte
- 8 Salbeiblätter
- 100 ml Weißwein
- 100 g Feta
- 1 EL Olivenöl
- Salz
- Pfeffer

**Zubereitung:**

1. Wasche den Kürbis, entkerne ihn und schneide ihn in kleine Stücke. Schäle die Schalotte und schneide sie ebenfalls in kleine Stücke. Wasche die Salbeiblätter und hacke sie klein.
2. Erhitze das Öl in einer Pfanne und dünste die Schalotten darin für 2 Minuten an.
3. Gib die Gnocchi ebenfalls in die Pfanne und lasse sie für weitere 5 Minuten mitbraten.
4. Füge die Hokkaido-Stücke und Salbeiblätter hinzu und brate erneut alles für 5 Minuten in der Pfanne an.

5. Lösche den Inhalt der Pfanne mit dem Weißwein ab und lasse die Masse für 10 Minuten köcheln.
6. Schmecke anschließend alles mit Salz und Pfeffer ab.
7. Zerbrösle zum Schluss den Feta und verstreue ihn über die Kürbis-Gnocchi. Warte einen kurzen Moment, bis der Feta leicht geschmolzen ist.
8. Anschließend kannst du das Gericht auf den Tellern verteilen.

---

**Variation:**

- ✔ Anstelle der Gnocchi kannst du für das Gericht auch Penne verwenden. Koche diese vorher und gib sie in die Pfanne, sobald sie al dente sind. Anstelle des Kürbis kannst du zu Süßkartoffeln greifen. Koche diese 10 Minuten, bevor du sie in die Pfanne gibst, da sie eine längere Kochzeit haben als der Kürbis.

# Brokkoli-Nudeln mit Feta

**Minuten: 25** **Portionen: 2**

**Zutaten:**

- 300 g Brokkoli
- 200 g Penne
- 50 g Walnüsse
- 125 g Feta
- 1 EL Olivenöl
- Salz
- Pfeffer

**Zubereitung:**

1. Zerteile den Brokkoli in einzelne Röschen und wasche diese. Hacke die Walnüsse in kleine Stücke.
2. Erhitze gesalzenes Wasser in einem Topf und gare darin die Nudeln. Gib 5 Minuten vor dem Ende der Garzeit die Brokkoliröschen hinzu.
3. Brate die Walnüsse in einer Pfanne ohne Fett an, bis sie leicht braun werden.
4. Bereite den Feta vor, indem du ihn mit deinen Händen in grobe Stücke zerbröselst.

5. Gieße die Nudeln mit dem Brokkoli ab und lasse beides kurz abtropfen. Gib die Walnüsse und den Feta in den benutzten Topf.
6. Füge anschließend die Nudeln mit den Brokkoliröschen wieder hinzu und vermische alles miteinander.
7. Schmecke die Brokkoli-Nudeln mit Salz und Pfeffer ab, bevor du das Gericht auf die Teller verteilst.

---

**Variation:**

- ✔ Wenn du gerne scharf isst, kannst du im letzten Schritt noch Chiliflocken hinzufügen. Vermische diese einfach mit den Brokkoli-Nudeln. Anstelle der Walnüsse kannst du auch Erdnüsse oder Cashews verwenden.

# Honig-Spaghetti

Minuten: 20

Portionen: 2

**Zutaten:**

- 250 g Spaghetti
- 2 EL Tomatenmark
- 1 rote Zwiebel
- 2 EL Honig
- 200 ml Sahne
- 1 EL Olivenöl
- Salz
- Pfeffer

**Zubereitung:**

1. Bringe gesalzenes Wasser in einem Topf zum Kochen und gare die Spaghetti darin.
2. Schäle die Zwiebel und schneide sie in feine Würfel.
3. Erhitze in einer Pfanne das Öl und dünste die Zwiebelstücke darin für 4 Minuten, bis sie glasig sind.
4. Füge anschließend das Tomatenmark, Sahne und Honig hinzu. Lasse die Soße aufkochen und schmecke alles mit Salz und Pfeffer ab.
5. Lasse die gekochten Spaghetti in einem Sieb abtropfen, gib sie anschließend in die Pfanne und vermische alles gut miteinander.

6. Schmecke die Honig-Spaghetti ein letztes Mal mit Salz und Pfeffer ab, bevor du sie zum Servieren auf den Tellern verteilst.

---

**Variation:**

- ✔ Als Topping passen zu diesem Gericht besonders gut gesalzene Nüsse. Hacke diese klein und verteile sie vor dem Servieren über den Nudeln. Als Alternative zum Honig kannst du auch Ahornsirup verwenden.

# Pfannengerichte

# Bauernfrühstück

**Minuten: 40** **Portionen: 2**

**Zutaten:**

- 500 g Kartoffeln (am Vortag gekocht)
- 20 g getrocknete Tomaten
- 4 Frühlingszwiebeln
- 1 Paprika
- 3 Eier
- 200 ml Milch
- 5 EL Olivenöl
- 4 EL Schnittlauch
- Salz
- Pfeffer

**Zubereitung:**

1. Wasche die Kartoffeln gründlich und koche sie in einem Topf mit gesalzenem Wasser für 20 Minuten. Lasse sie anschließend abkühlen (am besten schon am Vortag).
2. Pelle die Kartoffeln und schneide sie in ca. 2 cm große Stücke.
3. Wasche die Paprika und schneide sie in Würfel. Wasche die Frühlingszwiebeln und schneide sie in feine Ringe. Schneide die getrockneten Tomaten in kleine Stücke.

4. Erhitze 1 EL Öl in einer Pfanne und brate die Zwiebeln mit den Paprikastücken und den getrockneten Tomaten darin für 2 Minuten an.

5. Nimm das Gemüse aus der Pfanne heraus und brate die Kartoffelstücke in der gleichen Pfanne mit dem restlichen Öl an, bis sie leicht braun werden.

6. Vermenge die Kartoffelstücke mit dem Paprika-Tomaten-Mix in einer Schüssel und würze die Mischung mit etwas Salz und Pfeffer. Gib sie anschließend zurück in die Pfanne, stelle diese aber noch nicht zurück auf den Herd.

7. Verquirle die Eier mit der Milch in einer Schüssel und würze die Masse mit Salz und Pfeffer. Gieße die Eiermischung über die Kartoffeln in der Pfanne.

8. Lasse die Mischung in der Pfanne bei mittlerer Hitze für 10 Minuten stocken. Sobald die Oberseite leicht fest wird, musst du den Inhalt der Pfanne drehen. Benutze dazu den Pfannendeckel, indem du ihn auf die Pfanne gibst und sie anschließend umdrehst. Gib nun die andere Seite zu unterst in die Pfanne und lasse diese für weitere 5 Minuten braten.

9. Stürze anschließend das entstandene Bauernfrühstück aus der Pfanne auf einen Tellern und schneide es vor dem Servieren in Stücke.

---

**Variation:**

- ✔ Anstelle der getrockneten Tomaten kannst du Räuchertofu verwenden. Alternativ kannst du das Bauernfrühstück auch in einer Auflaufform im Backofen gar werden lassen. Um noch einen Dip zu dem Gericht zu reichen, kannst du einen der Dips von dem Rezept zu den Gemüsesticks (S. 190) verwenden.

# Kichererbsen-Pfanne

**Minuten: 25** **Portionen: 2**

**Zutaten:**

- 400 g Kichererbsen
- 4 Möhren
- 250 g Blattspinat
- 1 Knoblauchzehe
- 1 EL Zitronensaft
- 100 g griechischer Joghurt
- ½ TL Koriander
- ½ TL Kreuzkümmel
- 3 EL Olivenöl
- Salz
- Pfeffer

**Zubereitung:**

1. Schäle die Möhren und schneide sie in Scheiben.
2. Wasche den Blattspinat und lasse die Kichererbsen in einem Sieb abtropfen.
3. Erhitze 2 EL Öl in einer Pfanne und brate die Möhrenstücke für 5 Minuten darin an.

4. Gib die Kichererbsen und den Blattspinat hinzu und vermenge alles miteinander. Brate die Masse für weitere 5 Minuten.
5. Vermische den Joghurt in einer Schüssel mit dem Olivenöl und würze den Joghurt-Dip nach Geschmack mit etwas Salz und Pfeffer.
6. Schäle den Knoblauch und presse ihn über der Pfanne aus. Gib den Koriander, Kreuzkümmel sowie den Zitronensaft ebenfalls in die Pfanne. Schmecke alles mit Salz und Pfeffer ab.
7. Verteile das Gemüse mit einem Klecks Joghurt zum Servieren auf den Tellern.

---

**Variation:**

- ✔ Wenn du Kichererbsen nicht magst, kannst du das Rezept auch mit Linsen zubereiten. Diese musst du jedoch gar kochen, bevor du sie in die Pfanne gibst. Anstelle der Möhren kannst du Zucchini, Champignons oder Paprika verwenden.

# Bratkartoffeln

**Minuten: 60**

**Portionen: 3**

**Zutaten:**

- 500 g Kartoffeln (am Vortag gekocht)
- 1 Zwiebel
- 100 g Räuchertofu
- 3 EL Butter
- 3 Stiele Petersilie
- Salz
- Pfeffer

**Zubereitung:**

1. Wasche die Kartoffeln und gare sie in kochendem, gesalzenem Wasser für ca. 25 Minuten. Lasse sie anschließend abkühlen (am besten schon am Vortag).
2. Pelle die Kartoffeln und schneide sie in Scheiben.
3. Schäle die Zwiebel und schneide sie in Würfel. Schneide auch den Tofu in kleine Stücke. Brate beides in einer Pfanne mit 1 EL Butter für 10 Minuten an.
4. Nimm den gebratenen Tofu aus der Pfanne und erhitze die restliche Butter darin. Gib die Kartoffelscheiben in die Pfanne, am besten so, dass sie vollständig den Pfannenboden berühren. Lasse sie 4 Minuten von beiden Seiten anbraten. Wende sie dabei

nicht mehrfach. Sollte deine Pfanne nicht groß genug sein, brate sie in mehreren Portionen, nur so werden die Bratkartoffeln richtig kross. Würze die Kartoffeln mit Salz und Pfeffer.

5. Sobald die Kartoffeln goldbraun gebraten sind, kannst du den Räuchertofu erneut in die Pfanne geben und alles vorsichtig unterheben.

6. Wasche die Petersilie, zupfe die Blättchen ab und hacke sie fein. Verteile die Bratkartoffeln auf den Tellern und streue vor dem Servieren die Petersilie darüber.

---

**Variation:**

- Anstelle des Räuchertofus kannst du auch getrocknete Tomaten verwenden. Passe die Bratzeit dabei auf 5 Minuten an. Als Alternative kannst du die Bratkartoffeln vor dem Servieren noch mit geriebenem Bergkäse bestreuen. Lasse diesen für ein paar Minuten mit geschlossenem Pfannendeckel schmelzen. Besonders gut passen zu den Bratkartoffeln ein oder mehrere Spiegeleier. Das Gericht eignet sich gut als Beilage zu anderen vegetarischen Gerichten wie beispielsweise den Backofen-Falafel (S. 148) aus diesem Kochbuch.

# Kohlrabi-Rosenkohl-Pfanne

**Minuten: 50** **Portionen: 4**

**Zutaten:**

- 500 g Kohlrabi
- 300 g Rosenkohl
- 50 g Blattspinat
- 100 g Cashewkerne
- 1 Zwiebel
- 100 ml Sahne
- 1 TL Paprikapulver
- ½ TL Muskat
- 1 EL Olivenöl
- Salz
- Pfeffer

**Zubereitung:**

1. Schäle den Kohlrabi und schneide ihn in kleine Würfel. Putze den Rosenkohl und halbiere die Röschen.
2. Bringe in einem Topf gesalzenes Wasser zum Kochen und gare beides darin für 8 Minuten.
3. Hacke die Cashewnüsse und röste sie in einer Pfanne ohne Fett mit dem Paprikapulver.

4. Schäle die Zwiebel und schneide sie in halbe, feine Ringe. Erhitze das Öl in einer Pfanne und brate die Zwiebeln darin für ca. 4 Minuten an, bis sie glasig sind.
5. Gieße den Kohlrabi und den Rosenkohl ab und gib sie ebenfalls in die Pfanne. Brate das Gemüse für weitere 2 Minuten an und lösche anschließend alles mit der Sahne ab.
6. Wasche den Spinat, lasse ihn abtropfen und gib ihn ebenfalls in die Pfanne.
7. Würze alles mit Muskat, etwas Salz und Pfeffer.
8. Verteile das Gericht auf den Tellern und streue vor dem Servieren die gerösteten Cashewnüsse darüber.

---

**Variation:**

- ✔ Die Cashewnüsse kannst du durch Erdnüsse ersetzen. Auch bei dem Gemüse kannst du kreativ werden: Anstelle des Rosenkohls und Kohlrabis passen Blumenkohl, Brokkoli, Sellerie oder Möhren.

# Nudel-Frittata

**Minuten: 15**

**Portionen: 2**

**Zutaten:**

- 200 g Spaghetti
- 100 g Parmesan
- 4 Eier
- 2 EL Olivenöl
- Salz
- Pfeffer

**Zubereitung:**

1. Erhitze in einem Topf gesalzenes Wasser und koche die Nudeln darin gar.
2. Verquirle die Eier in einer großen Schüssel und würze die Masse mit Salz sowie Pfeffer. Reibe den Parmesan und gib ⅔ davon unter die Ei-Masse. Stelle den Rest beiseite.
3. Gib die gekochten Nudeln in die Ei-Masse. Verrühre die Nudeln gründlich, bis alle mit Ei bedeckt sind.
4. Erhitze das Olivenöl in einer Pfanne. Gib die Nudel-Ei-Masse hinzu. Lege den Deckel auf die Pfanne und lasse das Ganze für 5 Minuten anbraten.

5. Wende die Nudel-Frittata vorsichtig mit Hilfe eines Tellers. Lege diesen auf die Frittata, halte deine Hand darauf und wende die Pfanne, sodass die Frittata auf dem Teller ist. Schiebe sie von dem Teller wieder in die Pfanne und lasse sie weitere 5 Minuten von der anderen Seite anbraten.
6. Sobald die Frittata von beiden Seiten goldbraun gebacken ist, kannst du den restlichen Parmesan darüber streuen.
7. Schneide die Frittata zum Servieren in Stücke und richte sie auf den Tellern an.

---

**Variation:**

- ✔ Um das Gericht abwechslungsreicher zu gestalten, kannst du getrocknete Tomaten oder frisches Gemüse hinzugeben. Dazu eigenen sich besonders Paprika, Zucchini oder Tomaten. Schneide das Gemüse in kleine Würfel und gib sie im ersten Schritt in die Schüssel mit der Ei-Masse. Das Gericht schmeckt gut mit einem Salat als Beilage, wie beispielsweise dem Brokkoli-Salat (S. 24) aus diesem Kochbuch.

# Kartoffel-Pancakes

**Minuten: 25** **Portionen: 2**

## Zutaten:

- 500 g Kartoffeln
- 1 Frühlingszwiebel
- 60 g Bergkäse
- 40 g Sour Cream
- 125 ml Milch
- 1 Ei
- 1 EL Butter
- 4 EL Mehl
- 2 EL Olivenöl
- Salz
- Pfeffer

## Zubereitung:

1. Schäle die Kartoffeln und schneide sie in grobe Stücke.
2. Erhitze gesalzenes Wasser in einem Topf und lasse die Kartoffelstücke darin für 25 Minuten garen. Gieße die Kartoffeln anschließend ab und lasse sie kurz abkühlen.
3. Erwärme die Milch mit der Butter, etwas Salz und Pfeffer in einem Topf.

4. Zerstampfe die Kartoffeln mit einem Kartoffelstampfer und rühre die erwärmte Milch parallel dazu unter die Kartoffelmasse, bis ein Kartoffelpüree entsteht.

5. Reibe den Käse und gib ihm zusammen mit dem Ei und 2 EL Mehl unter das Kartoffelpüree. Vermenge alles gründlich miteinander.

6. Forme aus der Masse in etwa gleich große Kugeln (die Größe hängt ganz von deinem Geschmack ab: je größer die Kugel, desto größer auch der Pancake). Drücke sie dann mit den Händen flach, sodass sie ca. 2 cm hoch sind.

7. Gib das restliche Mehl in einen tiefen Teller und wälze die rohen Pancakes von beiden Seiten darin.

8. Wasche die Frühlingszwiebel und schneide sie in feine Ringe. Erhitze das Öl in einer Pfanne und brate die Frühlingszwiebeln darin für 2 Minuten an. Nimm diese heraus und stelle sie beiseite.

9. Gib anschließend die Pancakes portionsweise in die Pfanne und brate sie für 4 Minuten, bis sie goldbraun sind.

10. Verteile die Pancakes auf den Tellern, streue die Frühlingszwiebeln darüber und serviere das Gericht mit jeweils einem Klecks Sour Cream.

---

**Variation:**

- ✔ Als Variation kannst du für das Gericht auch Süßkartoffeln verwenden. Wenn du die Frühlingszwiebeln ersetzen möchtest, dann greife zu Schalotten, roten Zwiebeln oder normalen Zwiebeln. Anstelle der Sour Cream kannst du eigene Dips herstellen. Rezepte dazu findest du auf S. 190.

# Bohnen-Pfanne mit Ei

**Minuten: 20**

**Portionen: 1**

**Zutaten:**

- 150 g Kidneybohnen (Dose)
- 100 g Porree
- 2 Tomaten
- 1 EL Tomatenmark
- 1 Ei
- 1 EL Olivenöl
- 1 TL Oregano
- Salz
- Pfeffer

**Zubereitung:**

1. Wasche die Tomate sowie den Porree und schneide beides in Stücke.
2. Erhitze das Öl in einer Pfanne und brate den Porree darin für 2 Minuten an.
3. Gib die Tomaten sowie das Tomatenmark hinzu und lasse das Gemüse für 5 Minuten bei mittlerer Hitze dünsten.
4. Wasche die Bohnen in einem Sieb und lasse sie abtropfen.
5. Gib die Bohnen in die Pfanne und würze das Ganze mit Oregano, Salz und Pfeffer.

6. Lasse die Mischung für weitere 5 Minuten dünsten.
7. Schiebe das Gemüse leicht an den Rand der Pfanne, sodass eine Art Mulde entsteht. Schlag das Ei über der Pfanne auf und gib es in die Mulde. Lasse es bei mittlerer Hitze in der Pfanne für ca. 5 Minuten stocken.
8. Würze das Gericht vor dem Servieren erneut mit Salz und Pfeffer und richte es auf den Tellern an.

---

**Variation:**

- ✔ Anstelle der Kidneybohnen kannst du auch Kichererbsen verwenden. Als Ergänzung zu dem Gericht kannst du einen Dip servieren: Gut dazu passen beispielsweise Kräuterquark oder Guacamole. Für den Kräuterquark verrührst du Quark mit ein wenig Milch und Kräutern deiner Wahl. Die Guacamole stellst du her, indem du eine reife Avocado aufschneidest, das Fruchtfleisch mit einem Löffel herausholst und anschließend mit einer Gabel fein zerquetschst. Schneide dazu eine Tomate in kleine Stücke und gib sie unter die Avocado-Masse. Gieße einen Schuss Zitronensaft hinzu und würze die entstandene Guacamole mit Salz und Pfeffer. Weitere Inspirationen für Dips findest du auf S. 190.

# Champignons-Schupfnudeln

Minuten: 35 — Portionen: 4

**Zutaten:**

- 1 kg Schupfnudeln
- 500 g Champignons
- 150 g Porree
- 50 g Haselnusskerne
- 50 g Paniermehl
- 2 EL Butter
- 4 EL Öl
- Salz
- Pfeffer

**Zubereitung:**

1. Putze die Champignons und schneide sie in Stücke. Wasche den Porree, entferne die Enden und schneide ihn in feine Ringe.
2. Hacke die Haselnüsse grob. Erhitze die Butter in einer Pfanne und röste die Haselnussstücke darin für ca. 1 Minute.
3. Gib das Paniermehl hinzu und röste alles für 1 Minute. Nimm das Haselnuss-Topping aus der Pfanne und stelle es beiseite.
4. Erhitze 2 EL Öl in einer Pfanne und brate die Schupfnudeln darin für 5 Minuten goldbraun an. Nimm auch diese wieder aus der Pfanne und stelle sie beiseite.

5. Erhitze das restliche Öl und gib das Porree-Gemüse hinein. Lasse es für ca. 5 Minuten anbraten.

6. Gib anschließend die Champignons für weitere 3 Minuten hinzu.

7. Gib die Schupfnudeln mit etwas Salz und Pfeffer in die Pfanne, rühre sie für kurze Zeit unter und verteile das Gericht anschließend auf den Tellern.

8. Verstreue vor dem Servieren das Haselnuss-Topping über den Schupfnudeln.

---

**Variation:**

- Wenn dir das Gericht in dieser Form zu trocken ist, kannst du eine leckere Soße herstellen, indem du 150 g Frischkäse und 50 ml Brühe in die Pfanne gibst, während die Champignons mit dem Porree in der Pfanne sind. Gieße die Brühe nach der Bratzeit hinein und füge anschließend den Käse hinzu. Verrühre die Masse, bis sich der Käse zu einer sämigen Soße aufgelöst hat.

# Tortellini-Pfanne

**Minuten: 30** **Portionen: 3**

## Zutaten:

- 500 g frische Tortellini (vegetarisch gefüllt)
- 200 g Champignons
- 2 Knoblauchzehen
- 250 g Brokkoli
- 100 g Datteltomaten
- 200 ml Sahne
- 50 g Parmesan
- 1 EL Speisestärke
- 1 EL Gemüsebrühepulver
- 1 EL Olivenöl
- Salz
- Pfeffer

## Zubereitung:

1. Wasche den Brokkoli und schneide ihn in kleine Röschen.
2. Erhitze gesalzenes Wasser in einem Kochtopf und gare die Tortellini darin nach Packungsanweisung. Gib die Brokkoliröschen 5 Minuten vor Ende der Garzeit ebenfalls hinzu. Gieße beides ab und lasse die Zutaten in einem Sieb abtropfen.
3. Putze die Pilze und schneide sie in Stücke. Wasche die Tomaten und halbiere sie. Schäle den Knoblauch und hacke ihn fein.

4. Erhitze das Olivenöl in einer Pfanne und brate die Pilze mit dem Knoblauch darin für 5 Minuten an.
5. Würze die Mischung mit etwas Salz, Pfeffer und dem Gemüsebrühepulver. Lösche den Inhalt der Pfanne mit der Sahne ab und rühre dabei kräftig um, sodass eine Soße entsteht.
6. Gib die Tortellini mit dem Brokkoliröschen in die Pfanne und vermische alles miteinander.
7. Hebe die Tomaten ebenfalls unter.
8. Reibe den Parmesan. Verteile die Tortellini-Pfanne auf den Tellern und bestreue das Gericht zum Schluss mit dem Parmesan.

---

**Variation:**

- ✔ Anstelle der Tortellini kannst du für das Gericht auch Gnocchi verwenden. Das Gemüse ist ebenso austauschbar: Besonders gut passen beispielsweise Paprika, Zucchini oder Erbsen.

# Möhren-Frikadellen

**Minuten: 40** **Portionen: 2**

**Zutaten:**

- 75 g Reis
- 75 g Emmentaler
- 1 Ei
- 2 Möhren
- 1 Zwiebel
- 2 EL Speisestärke
- 1 EL Petersilie
- 500 ml Gemüsebrühe
- 2 EL Butter
- Salz
- Pfeffer

**Zubereitung:**

1. Erhitze die Gemüsebrühe in einem Topf und gare den Reis darin für ca. 15 Minuten. Gieße ihn anschließend ab und lasse ihn abkühlen.
2. Schäle die Möhre und rasple sie fein mit einer Küchenreibe. Schäle die Zwiebel und schneide sie in feine Würfel. Reibe den Käse fein.
3. Vermische den Reis mit dem Käse, den Möhren, Zwiebeln und dem Ei in einer Schüssel. Verknete die Zutaten mit deiner Hand.

4. Gib nun 1 EL Semmelbrösel hinein. Je nach Größe des Eis musst du mehr oder weniger Semmelbrösel verwenden. Die Masse sollte eine teigige Konsistenz haben, die nicht zu trocken ist. Lasse die Masse vor der Weiterverarbeitung für 15 Minuten ziehen.
5. Forme aus der Masse flache Frikadellen. Die Größe ist ganz von deinem Geschmack abhängig. Das einzige, was du beachten musst: je größer die Frikadelle, desto länger die Bratzeit.
6. Wälze die Frikadellen in den restlichen Semmelbröseln.
7. Erhitze die Butter in einer Pfanne. Brate die Frikadellen darin von beiden Seiten goldbraun an.
8. Richte die Frikadellen auf den Tellern an oder serviere sie später kalt.

---

**Variation:**

- ✔ Als Beilage zu den Frikadellen eignet sich ein Salat, wie beispielsweise der Brokkoli-Salat aus diesem Kochbuch (S. 24). Außerdem schmecken dazu Dips wie Kräuterquark oder Zaziki. Rezepte, um Dips selbst herzustellen, findest du auf S. 190. Alternativ zu dem Reis kannst du die Frikadellen auch mit Linsen oder Couscous zubereiten. Gare beides nach Packungsanweisung, allerdings mit Gemüsebrühe anstelle von Wasser. Verfahre ansonsten wie oben in dem Rezept erklärt.

# Reisnudel-Pfanne

**Minuten: 25** **Portionen: 2**

**Zutaten:**

- 300 g Reisnudeln
- 200 g Brokkoli
- 150 g braune Champignons
- 2 Frühlingszwiebeln
- 20 g Ingwer
- 1 Knoblauchzehe
- 2 EL Olivenöl
- 2 EL Honig
- 6 EL Sojasoße
- Salz
- Pfeffer

**Zubereitung:**

1. Wasche den Brokkoli und die Frühlingszwiebeln. Schneide den Brokkoli in kleine Röschen und die Frühlingszwiebeln in feine Ringe.
2. Schäle den Knoblauch und hacke ihn fein. Putze die Pilze und schneide sie in feine Streifen.
3. Schäle den Ingwer (nutze dazu am besten einen Teelöffel, um die Schale abzuschaben) und hacke ihn in feine Stücke.

4. Vermische die Sojasoße mit 1 EL Öl und dem Honig in einer Tasse und vermische beides miteinander.
5. Gib die Reisnudeln in eine Schüssel und übergieße sie mit heißem Wasser. Lasse sie für ca. 7 Minuten ziehen, bis sie gar sind.
6. Erhitze das restliche Öl in einer Pfanne, brate den Brokkoli darin für 5 Minuten an und gib anschließend die Pilze, Knoblauch und Ingwer hinzu. Brate die Mischung für weitere 2 Minuten an und gieße anschließend die Soja-Honig-Mischung darüber.
7. Lasse das Gemüse für 5 Minuten in der Pfanne köcheln und gib 2 Minuten vor Schluss die Reisnudeln hinzu.
8. Schmecke das Gericht mit Salz und Pfeffer ab und verteile es anschließend zum Servieren auf den Tellern.

---

**Variation:**

- ✔ Anstelle der Reisnudeln kannst du auch Mie-Nudeln oder Reis verwenden. Gare die Zutaten nach Packungsanweisung und gib sie wie die Reisnudeln im letzten Schritt noch einmal in die Pfanne. Anstelle des Brokkoli kannst du Zuckerschoten oder Zucchini verwenden. Um dem Gericht eine asiatische Note zu verleihen, kannst du es mit gerösteten Sesamsamen verfeinern. Streue diese zum Schluss als Topping über die Teller.

# Western-Pfanne

**Minuten: 20** **Portionen: 3**

**Zutaten:**

- 400 g Kidneybohnen (Dose)
- 400 g weiße Bohnen (Dose)
- 400 g Mais (Dose)
- 3 Zwiebeln
- 1 Paprika
- 2 Eier
- 1 EL Olivenöl
- 3 EL Tomatenmark
- 1 TL Paprikapulver
- 1 TL Oregano
- Salz
- Pfeffer

**Zubereitung:**

1. Schäle die Zwiebeln und schneide sie in Würfel. Wasche die Paprika und schneide sie in feine Stücke.
2. Wasche die Kidneybohnen, den Mais sowie die weißen Bohnen in einem Sieb. Lasse die Zutaten gründlich abtropfen, da das Gericht sonst zu wässrig wird.
3. Erhitze das Öl in einer Pfanne und brate die Zwiebeln mit den Paprikastücken darin für 5 Minuten an.

4. Gib anschließend die Kidneybohnen, die weißen Bohnen und den Mais hinzu. Verrühre das Ganze und würze es mit Paprikapulver, Oregano sowie etwas Salz und Pfeffer.
5. Hebe anschließend das Tomatenmark unter und lasse die Mischung bei mittlerer Hitze für 3 Minuten weiterbraten.
6. Schlage die Eier über der Pfanne auf und rühre sie gut unter, bis sie stocken.
7. Schmecke das Gericht vor dem Servieren ein letztes Mal ab und verteile es anschließend auf den Tellern.

---

**Variation:**

- ✔ Die Kidneybohnen sowie die weißen Bohnen kannst du durch Kichererbsen oder Linsen auf der Dose ersetzen. Anstelle der Paprika kannst du auch Tomaten verwenden. Wenn du dein Essen gerne scharf magst, dann würze das Gericht mit ein wenig Chilipulver.

# Maultaschen-Pfanne

**Minuten: 45** **Portionen: 3**

**Zutaten:**

- 250 g frische Maultaschen (vegetarisch gefüllt)
- 250 g Champignons
- 1 Stange Porree
- 2 Paprika
- 100 ml Gemüsebrühe
- 100 g Schmand
- 2 EL Öl
- Salz
- Pfeffer

**Zubereitung:**

1. Gare die Maultaschen in einem Topf mit kochendem, gesalzenen Wasser nach Packungsanweisung. Gieße die Maultaschen ab und schneide sie in Streifen.
2. Putze die Champignons und schneide sie in Viertel. Wasche die Paprika und schneide sie in kleine Streifen. Wasche den Porree, entferne die Enden und schneide ihn in feine Streifen.
3. Erhitze das Öl in einer Pfanne und brate die Paprika, den Porree sowie die Champignons darin für 5 Minuten an.

4. Gib anschließend die Maultaschen hinzu und brate sie für weitere 2 Minuten mit.
5. Lösche die Mischung mit der Gemüsebrühe ab und lasse die Zutaten in der Pfanne für 5 Minuten köcheln.
6. Schmecke die Maultaschen-Pfanne mit Salz und Pfeffer ab.
7. Verteile das Gericht zum Servieren auf den Tellern. Verteile zum Schluss jeweils einen Klecks Schmand auf den Portionen.

---

**Variation:**

- ✔ Die Maultaschen kannst du auch durch Tortellini, Gnocchi oder normale Nudeln ersetzen. Auch bei den Gemüsesorten kannst du variieren: Dazu eigenen sich beispielsweise Zucchini, Brokkoli oder Frühlingszwiebeln.

# Panierter Blumenkohl

**Minuten: 30** **Portionen: 2**

**Zutaten:**

- 500 g Blumenkohl
- 2 EL Semmelbrösel
- 1 Bund Petersilie
- 2 Eier
- 2 EL Mehl
- 3 EL Butter
- 150 ml Milch
- Salz
- Pfeffer

**Zubereitung:**

1. Wasche den Blumenkohl und schneide ihn in Röschen.
2. Bringe gesalzenes Wasser in einem Topf zum Kochen und gare den Blumenkohl für 10 Minuten. Gieße ihn anschließend ab.
3. Koche die Eier in einem weiteren Topf mit kochendem Wasser für 10 Minuten hart. Pelle sie anschließend und hacke sie klein.
4. Wasche die Petersilie, zupfe die Blättchen ab und hacke sie fein.
5. Erhitze 1 EL Butter in einer Pfanne. Röste die Semmelbrösel darin, bis sie leicht braun werden.

6. Gib die Eier und die Petersilie hinzu, vermische alles und schmecke es anschließend mit Salz und Pfeffer ab. Gib den Inhalt der Pfanne in eine Schüssel und stelle sie beiseite.
7. Nimm 350 ml des Blumenkohlwassers ab, bevor du den Blumenkohl in ein Sieb abgießt.
8. Erhitze die restliche Butter in einer Pfanne und gib das Mehl zum Anschwitzen hinein. Sobald das Mehl verrührt ist, kannst du die Mischung mit der Milch und dem Blumenkohlwasser ablöschen. Rühre dabei weiter, damit eine gleichmäßige Soße entsteht.
9. Würze die Soße mit Salz und Pfeffer. Gib den Blumenkohl für 2 Minuten in die Pfanne und schwenke ihn in der Soße.
10. Verteile den Blumenkohl mit der Soße auf den Tellern und gib den Semmelbrösel-Ei-Mix vor dem Servieren darüber.

---

**Variation:**

- ✔ Das Gericht eignet sich gut als Beilage zu Kartoffelgerichte wie beispielsweise den Bratkartoffeln (S. 86), den Fächerkartoffeln (S. 140) oder den Kartoffel-Pancakes (S. 92) aus diesem Kochbuch. Als Alternative zu dem Blumenkohl kannst du auch Kohlrabi oder Brokkoli verwenden.

# Reisgerichte

# Süßkartoffel-Spinat-Curry

**Minuten: 30** **Portionen: 3**

### Zutaten:

- 450 g Süßkartoffeln
- 150 g Basmatireis
- 100 g Blattspinat
- 1 Zwiebel
- 3 Knoblauchzehen
- 350 ml Kokosmilch
- 250 g passierte Tomaten
- 1 TL Currypulver
- 1 TL Kreuzkümmel
- 1 TL Kurkuma
- ½ TL Paprikapulver
- 2 EL Olivenöl
- Salz
- Pfeffer

### Zubereitung:

1. Schäle die Zwiebel und schneide sie in feine Stücke. Erhitze das Öl in einem Topf und brate die Zwiebelstücke für 3 Minuten an.
2. Schäle den Knoblauch sowie den Ingwer (nutze dazu am besten einen Teelöffel und schabe die Schale damit ab) und hacke beides fein. Gib die Zutaten zu den Zwiebeln in den Topf und lasse die Mischung 2 Minuten weiterbraten.

3. Gib den Reis mit 225 ml gesalzenem Wasser in einen Topf (je nach Reissorte kann die Wassermenge variieren, richte dich am besten nach der Packungsanweisung) und lasse den Reis darin für ca. 15 Minuten köcheln, bis er gar ist.
4. Schäle die Süßkartoffeln und schneide sie in kleine Stücke. Gib sie in den Topf zu den Zwiebeln, rühre alles um und gib die Kokosmilch sowie die passierten Tomaten hinzu. Rühre die Mischung erneut um und lasse sie für 15 Minuten köcheln.
5. Wasche den Spinat und lasse ihn abtropfen. Rühre ihn 1 Minute vor dem Ende der Kochzeit unter das Süßkartoffelcurry im Topf.
6. Gib das Currypulver, den Kreuzkümmel, das Kurkuma- sowie das Paprikapulver hinzu. Rühre die Mischung um und würze sie abschließend mit Salz und Pfeffer.
7. Gib das Süßkartoffelcurry mit dem Reis auf die Teller und serviere das Gericht.

---

**Variation:**

- ✔ Dieses Gericht kannst du sehr gut mit Kichererbsen kombinieren. Du kannst entweder die Süßkartoffeln mit Kichererbsen ersetzen oder sie zusätzlich verwenden. Ingwer gibt dem Gericht zudem eine weitere würzige Note. Du kannst ihn entweder in Form von Ingwerpulver oder frisch gehacktem Ingwer zu dem Gericht ergänzen.

# Djuvec-Reis

**Minuten: 30** **Portionen: 4**

**Zutaten:**

- 200 g Basmati-Reis
- 200 g stückige Tomaten (Dose)
- 3 EL Tomatenmark
- 1 Paprika
- 1 Möhre
- 2 Zwiebeln
- 2 Knoblauchzehen
- 500 ml Gemüsebrühe
- 75 g Erbsen (TK)
- 1 TL Paprikapulver
- ½ TL Chilipulver
- 3 EL Olivenöl
- Salz
- Pfeffer

**Zubereitung:**

1. Schäle die Zwiebeln sowie den Knoblauch und hacke beides fein. Wasche die Paprika und schneide sie in kleine Würfel. Schäle die Möhre und schneide sie ebenfalls in kleine Stücke.
2. Erhitze das Öl in einer Pfanne und brate die Zwiebel-, Paprika- und Möhrenstücke darin für 5 Minuten an.

3. Gib den Knoblauch sowie das Tomatenmark in die Pfanne, vermenge die Mischung und lasse alles für weitere 5 Minuten bei mittlerer Hitze dünsten.
4. Gib den Basmati-Reis sowie die Erbsen in die Pfanne und würze alles mit Paprika- und Chilipulver. Vermische den Inhalt der Pfanne und gieße währenddessen die Gemüsebrühe hinzu.
5. Lasse alles aufkochen und für ca. 15 Minuten köcheln, bis die Brühe komplett eingezogen ist. Schließe während des Kochprozesses die Pfanne mit einem Deckel.
6. Würze den entstandenen Djuvec-Reis mit Salz und Pfeffer.
7. Verteile den Reis auf den Tellern und serviere das Gericht.

---

**Variation:**

- ✔ Als Ergänzung zu dem Gericht kannst du frische Petersilienblätter fein hacken und zum Servieren über das Gericht geben. Die Erbsen kannst du durch kleingeschnittene Zuckerschoten oder anderes Gemüse deiner Wahl ersetzen. Das Gericht eignet sich gut als Beilage, beispielsweise zu den Backofen-Falafel (S. 148) aus diesem Kochbuch.

# Spinat-Reis-Auflauf

**Minuten: 80** **Portionen: 4**

**Zutaten:**

- 300 g Risottoreis
- 500 g Blattspinat
- 1 Zwiebel
- 4 Eier
- 200 g Feta
- 30 g Butter
- 200 g Frischkäse
- 100 g Walnüsse
- 50 g Parmesan
- 400 ml Sahne
- Salz
- Pfeffer

**Zubereitung:**

1. Heize den Backofen auf 180 °C (Ober-/Unterhitze) vor.
2. Schäle die Zwiebel und hacke sie in feine Stücke. Erhitze 20 g Butter in einem Topf und dünste die Zwiebel darin für 2 Minuten glasig.
3. Gib den Risottoreis in den Topf hinzu, verrühre die Zutaten und dünste diese weitere 2 Minuten an.
4. Gib 900 ml Wasser in ein Gefäß und gieße so viel Wasser in den Topf, bis der Risottoreis bedeckt ist. Warte unter ständigem

Rühren, bis das Wasser eingekocht ist und gieße erneut Wasser nach, bis der Reis bedeckt ist. Rühre wieder um und fahre so fort, bis das gesamte Wasser eingekocht und der Risottoreis gut aufgequollen und gar gekocht ist. Würze den Reis anschließend mit Salz und Pfeffer.

5. Wasche den Spinat und schneide ihn in Streifen. Hacke die Walnüsse fein. Vermenge den Reis mit den Spinatstreifen und den Walnüssen in einer Schüssel. Zerbrösle den Feta darüber und gib den Frischkäse hinzu. Vermenge die Masse und würze die Mischung mit Salz und Pfeffer.

6. Fette eine Auflaufform mit der restlichen Butter und gib die Mischung in die Form. Verquirle die Eier mit der Sahne in einer Schüssel und gib die Masse über die Reis-Spinat-Mischung.

7. Gib den Auflauf für 50 Minuten in den Backofen. Reibe den Parmesan und gib diesen 20 Minuten vor dem Ende der Backzeit über den Auflauf.

8. Nimm den Auflauf aus dem Backofen, sobald der Käse goldbraun ist. Verteile den Auflauf zum Servieren auf den Tellern.

---

**Variation:**

- ✔ Anstelle des Risottoreis kannst du das Gericht mit frischen Gnocchi oder Spätzle herstellen. Dadurch ersparst du dir den aufwendigen Kochprozess für das Risotto. Gib die frischen Gnocchi oder Spätzle einfach direkt in eine Schüssel und vermenge sie wie den Risottoreis mit den restlichen Zutaten.

# Zucchini-Pfanne

**Minuten: 40** **Portionen: 3**

**Zutaten:**

- 2 Zucchini
- 1 Zwiebel
- 125 g Langkornreis
- 3 EL Tomatenmark
- 150 g Feta
- 500 ml Gemüsebrühe
- 1 EL Olivenöl
- Salz
- Pfeffer

**Zubereitung:**

1. Wasche die Zucchini, entferne die Enden und schneide sie in Scheiben. Schäle die Zwiebel und schneide sie in feine Spalten.
2. Erhitze das Öl in einer Pfanne und dünste die Zwiebelspalten mit den Zucchinischeiben darin für 4 Minuten an.
3. Gib das Tomatenmark mit dem Langkornreis ebenfalls in die Pfanne. Rühre die Mischung gut durch und lasse die Zutaten für weitere 2 Minuten dünsten.
4. Gieße Gemüsebrühe hinzu und lasse die Mischung für 20 Minuten köcheln.

5. Gib für den Kochprozess den Deckel auf die Pfanne und rühre gelegentlich um.
6. Zerbrösle den Feta über der Pfanne, rühre erneut alles um und lasse das Reisgericht für weitere 2 Minuten auf dem Herd.
7. Schmecke das Gericht vor dem Servieren mit Salz und Pfeffer ab und verteile es auf den Tellern.

---

**Variation:**

- ✔ Anstelle der Zucchini kannst du auch Paprika, Aubergine oder Brokkoli verwenden. Das Tomatenmark kannst du durch Frischkäse ersetzen. Gib diesen aber erst mit dem Feta unter die Mischung, da er sonst während des Kochprozesses zu sehr verkocht.

# Tomaten-Risotto

**Minuten: 20** **Portionen: 2**

**Zutaten:**

- 150 g Risotto-Reis
- 100 g Kirschtomaten
- 250 ml passierte Tomaten
- 1 Zwiebel
- 2 Knoblauchzehen
- 250 ml Gemüsebrühe
- 80 ml Weißwein
- 50 ml Kokosmilch
- 50 g Parmesan
- 1 TL Basilikum
- 1 TL Oregano
- 2 EL Butter
- Salz
- Pfeffer

**Zubereitung:**

1. Schäle die Zwiebel sowie die Knoblauchzehen und schneide beides in feine Stücke. Wasche die Tomaten und halbiere sie.
2. Erhitze die Butter in einem Topf und dünste die Zwiebeln sowie den Knoblauch für 2 Minuten darin glasig.
3. Gib den Risottoreis hinzu und vermenge alles miteinander. Dünste die Mischung weitere 2 Minuten.

4. Lösche den Reis anschließend mit dem Weißwein ab und lasse diesen einkochen, rühre dabei weiter.
5. Gieße etwas Gemüsebrühe hinzu, ungefähr so viel, dass der Reis gut bedeckt ist. Rühre stetig um und lasse den Reis bei mittlerer Hitze köcheln. Gieße die Brühe nach, sobald die vorherige Menge eingekocht ist. Führe den Prozess so lange fort, bis die gesamte Brühe aufgebraucht ist. Gib zum Schluss die Kokosmilch hinzu.
6. Hebe die Kirschtomaten unter das fertige Risotto und würze die Mischung mit Basilikum, Oregano sowie Salz und Pfeffer.
7. Reibe den Parmesan.
8. Verteile das Risotto auf den Tellern und streue den Parmesan zum Servieren darüber.

---

**Variation:**

- ✔ Um dem Gericht noch mehr Tomaten-Geschmack zu verleihen, kannst du getrocknete Tomaten unter das Risotto geben. Schneide sie dafür klein und rühre sie mit den Kirschtomaten unter das Risotto.

# Gemüse-Quinoa

**Minuten: 30** **Portionen: 2**

**Zutaten:**

- 75 g Quinoa
- 2 Tomaten
- ½ Zwiebel
- ½ Zucchini
- 1 Paprika
- 150 ml Gemüsebrühe
- 1 TL Zitronensaft
- 1 EL Olivenöl
- Salz
- Pfeffer

**Zubereitung:**

1. Wasche die Quinoa in einem Sieb.
2. Erhitze die Gemüsebrühe in einem Topf und gib die Quinoa hinein. Lasse die Mischung bei geschlossenem Deckel für 15 Minuten köcheln. Rühre gelegentlich um, damit die Quinoa nicht am Boden festkocht. Rühre aber auch nicht zu viel, damit die Masse nicht matschig wird.
3. Wasche die Tomaten und schneide sie in kleine Stücke. Schäle die Zwiebel und schneide sie in feine Würfel.

4. Wasche die Zucchini sowie die Paprika und schneide beides in kleine Würfel.
5. Erhitze das Öl in einer Pfanne und dünste die Zwiebelstücke darin für ca. 2 Minuten, bis sie glasig sind.
6. Gib die Zucchini- sowie die Paprikastücke hinzu, dünste die Mischung für weitere 3 Minuten.
7. Füge die Tomaten ebenfalls hinzu, vermenge alles und lasse den Gemüse-Mix für 2 weitere Minuten dünsten.
8. Nimm die Mischung vom Herd und rühre die fertige Quinoa sowie den Zitronensaft unter.
9. Würze die Mischung mit Salz und Pfeffer und verteile das Gericht zum Servieren auf den Tellern.

---

**Variation:**

- ✔ Das Gemüse kannst du in diesem Gericht ganz nach deinem Geschmack variieren. Aubergine, Brokkoli oder auch Frühlingszwiebeln eignen sich ebenfalls gut. Anstelle des Quinoas kannst du auch Bulgur zubereiten und diesen unter den Gemüse-Mix heben. Das Gericht eignet sich gut als Beilage, beispielsweise zu den Backofen-Falafel (S. 148) aus diesem Kochbuch.

# Gebratener Reis

**Minuten: 30** **Portionen: 2**

**Zutaten:**

- 200 g Basmati-Reis
- 100 g Erbsen (TK)
- 1 Zucchini
- 2 Möhren
- 1 Ei
- 1 Zwiebel
- 4 EL Sojasoße
- 1 EL Olivenöl
- Salz
- Pfeffer

**Zubereitung:**

1. Gib den Basmati-Reis mit 300 ml gesalzenem Wasser in einen Topf und koche den Reis darin für ca. 15 Minuten, bis das Wasser verkocht und der Reis gar ist. (Je nach Reissorte kann die Wassermenge und die Garzeit variieren. Richte dich daher nach der Packungsanleitung, um den Reis zu garen.)
2. Schäle die Zwiebel und schneide sie in kleine Stücke. Wasche die Zucchini, entferne die Enden und schneide sie in dünne, halbe Scheiben. Schäle die Möhre und schneide sie in kleine Würfel.

3. Erhitze das Öl in einer Pfanne und dünste die Zwiebelstücke darin für ca. 2 Minuten, bis sie glasig sind.
4. Gib die Zucchini- sowie die Möhrenstücke hinzu, dünste die Mischung für weitere 3 Minuten.
5. Gib den gegarten Reis mit den Erbsen in die Pfanne und rühre die Mischung um.
6. Würze den Gemüsereis mit der Sojasoße sowie etwas Salz und Pfeffer.
7. Schlage zum Schluss das Ei über dem Gemüsereis auf und verrühre es. Lasse den Gemüsereis für weitere 2 Minuten in der Pfanne anbraten.
8. Verteile den gebratenen Reis anschließend zum Servieren auf den Tellern.

---

**Variation:**

- ✔ Statt Reis kannst du das Gericht auch mit Nudeln zubereiten. Besonders gut eignen sich asiatische Mie-Nudeln oder Glasnudeln. Koche diese der Packungsanweisung entsprechend und gib sie wie den Reis kurz vor dem Ende zum Anbraten in die Pfanne. Das Gemüse in dem Gericht kannst du ebenfalls abwandeln: Paprika, Aubergine oder Brokkoli eignen sich gut als Alternativen. Zusätzlich eignet sich das Gericht als Beilage zu anderen vegetarischen Gerichten, beispielsweise der gefüllten Paprika (S. 146) aus diesem Kochbuch.

# Ofengerichte

# Griechische Ofenkartoffeln

Minuten: 50

Portionen: 4

**Zutaten:**

- 1,5 kg Kartoffeln (festkochend)
- 3 Knoblauchzehen
- 2 EL Zitronensaft
- 250 g Naturjoghurt
- 100 g Feta
- 3 EL Olivenöl
- 1 EL Oregano
- 1 EL Dill
- Salz
- Pfeffer

**Zubereitung:**

1. Heize den Backofen auf 200 °C (Ober-/Unterhitze) vor.
2. Wasche die Kartoffeln und schneide sie in grobe Stücke. Schäle den Knoblauch und hacke ihn fein.
3. Vermische die Kartoffelstücke in einer Schüssel mit dem Öl, Zitronensaft, Oregano, Knoblauch, ein wenig Salz und Pfeffer.
4. Verteile die marinierten Kartoffelstücke auf einem Backblech und gib sie für 40 Minuten in den Backofen.

5. Vermische den Joghurt mit dem Dill in einer Schüssel.
6. Zerbrösle den Feta mit den Händen und gib ihn ebenfalls in den Joghurt.
7. Verrühre alles miteinander und würze den Dip anschließend mit Salz und Pfeffer.
8. Nimm die Kartoffeln aus dem Ofen und verteile sie mit einem Klecks des Dips auf den Tellern.

---

**Variation:**

- ✔ Wenn du unter Zeitdruck stehst, kannst du auf einen fertigen Kräuterdip oder Zaziki zurückgreifen. Für etwas Abwechslung in dem Gericht kannst du die Hälfte der Kartoffeln durch Süßkartoffeln ersetzen. Das Gericht eignet sich gut als Beilage zu anderen vegetarischen Gerichten wie den Backofen-Falafel (S. 148) oder Ofen-Sellerie (S. 134) aus diesem Kochbuch.

# Ofengemüse mit Halloumi

**Minuten: 30** **Portionen: 2**

**Zutaten:**

- 250 g Halloumi
- 200 g Süßkartoffeln
- 1 Tomate
- 1 Knoblauchzehe
- 1 Avocado
- 1 rote Zwiebel
- 2 Stiele Petersilie
- 1 EL Zitrone
- 1 TL Kurkuma
- 4 EL Olivenöl
- Salz
- Pfeffer

**Zubereitung:**

1. Heize den Backofen auf 220 °C (Ober-/Unterhitze) vor.
2. Schäle die Süßkartoffel sowie die rote Zwiebel und schneide beides in dünne Spalten.
3. Gib die Spalten auf ein Backblech und beträufle sie mit 1 EL Olivenöl. Bestreue das Gemüse mit Salz und Pfeffer. Gib es anschließend für ca. 25 Minuten in den Backofen, bis die Süßkartoffeln weich geworden sind.

4. Halbiere die Avocado und löse das Fruchtfleisch mit einem Löffel heraus. Schneide es anschließend in kleine Würfel. Wasche die Tomate, entferne den Strunk und schneide sie in Stücke. Wasche die Petersilie und zupfe die Blätter ab, hacke sie anschließend klein. Schäle die Knoblauchzehe und hacke sie in feine Stücke.
5. Vermische die Avocado-Würfel in einer Schüssel mit der Hälfte der Petersilie und den Tomatenstücken.
6. Gib die restliche Petersilie mit dem Knoblauch, Zitronensaft und 2 EL Öl in eine andere Schüssel und verquirle die Zutaten zu einem Dressing. Schmecke es anschließend mit Salz und Pfeffer ab.
7. Schneide den Halloumi in kleine Stücke. Gib das restliche Öl in eine Pfanne und brate den Halloumi darin auf mittlerer Stufe für 4 Minuten an.
8. Nimm die Süßkartoffeln und Zwiebeln aus dem Ofen und gib sie in eine Schüssel. Vermenge sie vorsichtig mit dem Avocado-Tomaten-Mix und den Halloumi-Stücken.
9. Beträufle das Gericht mit dem Dressing, bevor du es auf den Tellern verteilst.

---

**Variation:**

- ✔ Anstelle des Halloumis kannst du auch Tofu anbraten. Hierfür eignet sich besonders Räuchertofu, da dieser eine interessante Würze in das Gericht bringt. Das Gemüse ist austauschbar – verwende einfach dein Lieblingsgemüse und gib es in den Ofen. Achte darauf, die Backzeit anzupassen.

# Quetschkartoffeln

Minuten: 25 | Portionen: 2

**Zutaten:**

- 400 g Kartoffeln
- 75 g Kirschtomaten
- 1 Rote Bete
- 1 Frühlingszwiebel
- 50 g Gouda
- 1 EL Olivenöl
- Salz
- Pfeffer

**Zubereitung:**

1. Wasche die Kartoffeln. Gib sie mit gesalzenem Wasser in einen Kochtopf und lasse die Kartoffeln für 20 Minuten kochen. Gieße sie anschließend ab und lasse sie abtropfen.
2. Heize den Backofen auf 200 °C (Ober-/Unterhitze) vor.
3. Wasche die Tomaten und schneide sie in Scheiben. Schäle die Rote Bete (nutze dazu am besten Einmalhandschuhe oder öle dir die Hände ein, da die Bete sonst stark deine Hände färben wird). Schneide die Rote Bete anschließend in dünne Scheiben.
4. Wasche die Frühlingszwiebel und schneide sie in feine Scheiben. Reibe den Gouda fein.

5. Verteile die gekochten Kartoffeln auf einem Backpapier und drücke jede Kartoffel mit einem Kartoffelstampfer auf 1 cm Dicke (alternativ kannst du auch eine Gabel verwenden).
6. Bestreiche die gequetschten Kartoffeln mit dem Öl und lege jeweils eine Tomaten- und Rote-Bete-Schreibe darüber.
7. Bestreue das Ganze mit den Frühlingszwiebelstreifen und dem Gouda.
8. Gib die Kartoffeln für 25 Minuten in den Ofen.
9. Würze die Quetschkartoffeln vor dem Servieren mit Salz und Pfeffer und verteile sie auf den Tellern.

---

**Variation:**

- ✔ Um dem Gericht eine neue Geschmacksnote zu verleihen, kannst du anstelle der normalen Kartoffeln Süßkartoffeln verwenden. Wenn du es etwas würziger magst, nutze Bergkäse anstelle von Gouda zum Bestreuen. Die Rote Bete kannst du durch Zucchini oder Aubergine ersetzen. Generell kannst du bei dem Gemüsebelag variieren und verschiedene Kombinationen ausprobieren. Die Kartoffeln kannst du auch als Beilage zu anderen vegetarischen Gerichten wie zum Beispiel dem panierten Blumenkohl (S. 108) servieren.

# Ofen-Sellerie

Minuten: 45

Portionen: 4

**Zutaten:**

- 1,2 kg Knollensellerie
- 40 g Oliven (entkernt)
- 2 Knoblauchzehen
- 1 Bund Petersilie
- 1 Biozitrone
- 1 Baguette
- 4 EL Olivenöl
- Salz
- Pfeffer

**Zubereitung:**

1. Heize den Backofen auf 200 °C (Ober-/Unterhitze) vor.
2. Schäle den Sellerie, schneide ihn in ca. 2 cm große Stücke und lege sie auf ein Backbleck. Beträufle die Selleriestücke mit dem Öl und würze sie mit Salz und Pfeffer. Gib sie für 35 Minuten in den Backofen.
3. Wasche die Zitrone unter heißem Wasser ab und schneide sie in Scheiben. Entferne dabei die Kerne.
4. Schäle den Knoblauch, schneide ihn in feine Stücke und gib ihn zusammen mit den geschnittenen Zitronen ca. 15 Minuten vor

dem Ende der Backzeit zu den Selleriewürfeln auf das Backblech.

5. Lasse die Oliven in einem Sieb abtropfen und schneide sie in kleine Stücke. Wasche die Petersilie, zupfe die Blättchen ab und hacke sie klein.
6. Sollte dein Backofen eine Grillfunktion haben, schalte sie 5 Minuten vor Ende der Backzeit ein und lasse die Selleriewürfel damit braun werden. Wenn du diese Funktion nicht besitzt, backe die Würfel einfach mit der Ober-/Unterhitze-Funktion zu Ende.
7. Nimm das Backblech aus dem Ofen und mische die Oliven sowie die Petersilie unter.
8. Schneide das Baguette in Scheiben und serviere es zusammen mit dem Gericht.

---

**Variation:**

- ✔ Alternativ kannst du das Gericht in der Pfanne zubereiten. Brate die Selleriestücke dafür mit Olivenöl in einer Pfanne an. Sobald die Würfel leicht braun werden, gibst du den Knoblauch sowie die Zitronenscheiben hinzu. Sobald die Selleriewürfel vollständig gar sind, nimmst du die Pfanne vom Herd, rührst die Oliven sowie die Petersilie unter und servierst das Gericht anschließend. Außerdem kannst du das Gericht als Beilage servieren, beispielsweise zu den Bratkartoffeln (S. 86) aus diesem Kochbuch.

# Gebackene Süßkartoffeln

**Minuten: 60**

**Portionen: 2**

**Zutaten:**

- 400 g Süßkartoffeln
- 200 g Champignons
- 4 EL Quark
- 4 Frühlingszwiebeln
- 2 Schalotten
- 1 EL Schnittlauch
- 1 EL Petersilie
- 1 EL Zitronensaft
- 2 EL Rapsöl
- Salz
- Pfeffer

**Zubereitung:**

1. Heize den Backofen auf 180 °C (Ober-/Unterhitze) vor.
2. Wasche die Süßkartoffeln und stich sie mehrfach mit einer Gabel ein. Gib sie anschließend auf ein Backblech und schiebe sie für 50 Minuten in den Backofen.
3. Schäle die Schalotten und schneide sie in feine Würfel.
4. Verrühre diese mit dem Quark in einer Schüssel und gib den Zitronensaft sowie Schnittlauch hinzu.

5. Würze den Dip anschließend mit Salz und Pfeffer.
6. Putze die Champignons und schneide sie in Viertel, wasche die Frühlingszwiebeln und schneide sie in feine Ringe.
7. Erhitze das Öl in einer Pfanne und brate die Frühlingszwiebeln zusammen mit den Pilzen darin für 5 Minuten an. Würze die Mischung mit Salz und Pfeffer sowie der Petersilie.
8. Nimm die Süßkartoffeln aus dem Ofen und schneide sie der Länge nach auf. Teile sie dabei jedoch nicht in 2 Hälften, schneide sie nur auf.
9. Befülle sie mit dem Quark und den Pilzen aus der Pfanne. Würze das Gericht bei Bedarf vor dem Servieren noch mit Salz und Pfeffer.

---

**Variation:**

- ✔ Das Rezept kannst du auch mit normalen Kartoffeln zubereiten, diese haben je nach Größe eine geringere Backzeit als die Süßkartoffeln. Alternativ kannst du die Süßkartoffeln auch in der Mikrowelle garen. Nachdem du die Süßkartoffeln (wie oben beschrieben) gewaschen und eingestochen hast, gibst du sie in ein mikrowellengeeignetes Gefäß. Gare die Süßkartoffeln in der Mikrowelle für 8-10 Minuten bei voller Leistung. Kontrolliere zwischendurch, ob die Kartoffel bereits gar ist. Je nach Mikrowellenleistung und Kartoffelgröße kann die Zeit variieren. Zu dem Gericht passt ein frischer Salat, wie beispielsweise der Rucola-Salat mit Mango (S. 30) aus diesem Kochbuch.

# Ofen-Tomate-Mozzarella

**Minuten: 30** **Portionen: 2**

**Zutaten:**

- 250 g passierte Tomaten
- 250 g Kirschtomaten
- 100 g Mozzarella
- 1 Schalotte
- 1 Knoblauchzehe
- 3 Stiele Basilikum
- 8 Scheiben Baguette
- 200 ml Gemüsebrühe
- 1 EL Balsamessig
- 1 EL Olivenöl
- Salz
- Pfeffer

**Zubereitung:**

1. Schäle den Knoblauch und die Schalotte, schneide beides in kleine Würfel. Erhitze das Öl in einem Topf und dünste die Würfel darin, bis sie glasig sind.
2. Heize den Backofen auf 220 °C (Umluft) vor.
3. Wasche die Tomaten und halbiere sie. Gib sie gemeinsam mit den passierten Tomaten, dem Balsamessig, der Brühe sowie etwas Salz und Pfeffer in den Topf mit den glasigen Würfeln.
4. Schneide den Mozzarella in 8 Scheiben.

5. Wasche das Basilikum, zupfe die Blättchen ab und hacke sie fein.

6. Gib den Inhalt des Topfes in eine Auflaufform, verteile die Baguettescheiben darauf und belege diese mit den Mozzarellascheiben. Gib das Ganze für etwa 5 Minuten in den Backofen, bis der Käse leicht geschmolzen ist.

7. Nimm den Ofen-Tomate-Mozzarella aus dem Backofen und bestreue ihn mit dem Basilikum.

8. Würze das Gericht vor dem Servieren mit Salz und Pfeffer.

---

**Variation:**

- ✔ Alternativ kannst du das Gericht in einer großen Pfanne zubereiten. Bereite darin die Tomatensoße zu, verteile darauf anschließend die Baguettescheiben und belege sie mit dem Mozzarella. Gib den Deckel auf die Pfanne und warte einige Minuten, bis der Mozzarella beginnt zu schmelzen. Als Beilage zu dem Gericht passt ein grüner Salat wie der Rucola-Salat mit Mango (S. 30) aus diesem Kochbuch.

# Fächerkartoffeln

**Minuten: 60** **Portionen: 4**

**Zutaten:**

- 500 g Kartoffeln (kleine)
- 60 g Datteln (getrocknet)
- 150 g Frischkäse
- 50 g Schmand
- 1 Knoblauchzehe
- 1 TL Curry
- 2 EL Olivenöl
- Salz
- Pfeffer

**Zubereitung:**

1. Heize den Backofen auf 180 °C (Ober-/Unterhitze) vor.
2. Wasche die Kartoffeln und schneide sie mit einem Messer an der kurzen Seite mehrfach bis zu Hälfte ein.
3. Lege die Kartoffeln auf ein Backblech und beträufle sie mit dem Öl. Würze sie mit Salz sowie Pfeffer und gib sie anschließend für 45 Minuten in den Backofen.
4. Vermische für den Dip den Schmand mit dem Frischkäse in einer Schüssel.

5. Schneide die Datteln in kleine Stücke und gib sie ebenfalls dazu. Schäle die Knoblauchzehe und presse sie über dem Dip aus.

6. Würze alles mit Curry, etwas Salz und Pfeffer und verrühre den Dip gründlich.

7. Nimm die Kartoffeln aus dem Ofen und serviere sie mit dem Dip auf den Tellern.

---

**Variation:**

- ✔ Anstelle der normalen Kartoffeln kannst du auch Süßkartoffeln verwenden. Je nach Größe musst du die Backzeit anpassen. Als Dip kannst du auch einen Kräuterquark kreieren. Dazu benötigst du Quark, Kräuter deiner Wahl sowie einen Schuss Zitronensaft. Würze den Dip, nachdem du alles miteinander in einer Schale verrührt hast, mit Salz und Pfeffer. Das Gericht eignet sich gut als Beilage zu anderen vegetarischen Gerichten, beispielsweise dem panierten Blumenkohl (S. 108) aus diesem Kochbuch.

# Möhren-Kartoffeln mit Ei

**Minuten: 45** **Portionen: 2**

**Zutaten:**

- 600 g Kartoffeln
- 3 Möhren
- 100 g Erbsen (TK)
- 100 g Babyspinat
- 4 Eier
- 50 g Feta
- ½ TL Senf
- 1 EL Zitronensaft
- 1 EL Essig
- 2 EL Olivenöl
- Salz
- Pfeffer

**Zubereitung:**

1. Heize den Backofen auf 200 °C (Ober-/Unterhitze) vor.
2. Schäle die Möhren sowie die Kartoffeln und rasple beides grob.
3. Verteile 1 EL Öl in einer Auflaufform.
4. Gib die Möhren-Kartoffel-Raspeln hinein. Bestreue sie mit etwas Salz sowie Pfeffer und vermenge sie in der Auflaufform, sodass sie ein wenig des Öls aufnehmen. Verteile die Masse gleichmäßig und gib sie für 30 Minuten in den Backofen.

5. Wasche den Babyspinat und lasse ihn anschließend in einem Sieb abtropfen.

6. Vermische für das Dressing den Zitronensaft mit dem Senf, dem Rest des Öls sowie etwas Salz und Pfeffer in einer kleinen Schüssel.

7. Bringe in einem Topf leicht gesalzenes Wasser zum Kochen und gare die Erbsen darin. Gieße sie anschließend in einem Sieb ab und rühre sie anschließend unter das Dressing.

8. Erhitze in dem Topf erneut Wasser mit dem Essig. Das Wasser sollte nicht mehr kochen, sondern leicht sieden. Schlage in einer Tasse ein Ei auf. Lasse es vorsichtig in das Wasser gleiten (dazu kannst du zum Beispiel das Ei in eine Suppenkelle geben und dann ins Wasser gleiten lassen).

9. Nimm das pochierte Ei mit der Suppenkelle nach 3 Minuten wieder heraus. Verfahre so auch mit den restlichen Eiern.

10. Nimm das Kartoffel-Möhren-Gemüse aus dem Ofen und verteile den Spinat sowie die pochierten Eier darauf.

11. Beträufle vor dem Servieren alles mit dem Dressing und schmecke es bei Bedarf nochmal mit Salz und Pfeffer ab.

---

**Variation:**

- ✔ Anstelle des pochierten Eis kannst du auch Spiegeleier auf die Möhren-Kartoffel-Raspeln geben. Alternativ eigenen sich auch Mozzarella-Scheiben.

# Zwiebelkuchen

**Minuten: 40** **Portionen: 3**

**Zutaten:**

- 3 Gemüsezwiebeln
- 100 g Räuchertofu
- 200 g Schmand
- 150 g Quark
- 1 Ei
- 300 g Mehl
- 2 TL Backpulver
- 1 EL Balsamessig
- 9 EL Olivenöl
- Salz
- Pfeffer

**Zubereitung:**

1. Schäle die Zwiebeln und schneide sie in halbe Ringe. Schneide den Räuchertofu in kleine Stücke.
2. Erhitze 2 EL Öl in einer Pfanne und brate die Zwiebelwürfel darin zusammen mit dem Räuchertofu für 10 Minuten an.
3. Heize den Backofen auf 200 °C (Ober-/Unterhitze) vor.
4. Für den Teig: Verrühre den Quark mit dem Ei, 6 EL Öl und ½ TL Salz in einer Schüssel mit einem Handrührgerät (alternativ kannst du auch deine Hände benutzen).

5. Gib im Anschluss das Mehl mit dem Backpulver hinzu und verrühre die Zutaten erst auf niedrigster und dann auf höchster Stufe des Rührgeräts zu einem glatten Teig.
6. Fette ein Backblech mit dem restlichen Öl ein und rolle den Teig darauf aus (solltest du keinen Teigroller haben, kannst du auch ein längliches Glas verwenden).
7. Nimm die Pfanne mit dem Tofu vom Herd und rühre den Schmand sowie den Balsamessig unter. Schmecke die Mischung mit Salz und Pfeffer ab.
8. Verteile die Masse aus der Pfanne anschließend auf dem Teig und gib den vorbereiteten Zwiebelkuchen für ca. 20 Minuten in den Backofen.
9. Sobald der Zwiebelkuchen leicht braun wird, kannst du ihn aus dem Ofen nehmen und zum Servieren in Stücke schneiden.

---

**Variation:**

- ✔ Anstelle des Tofus kannst du getrocknete Tomaten verwenden. Diese bringen eine besondere Würze in das Gericht ein. Die Bratzeit kannst du dabei auf 5 Minuten verkürzen. Solltest du den Teig nicht selbst machen wollen, kannst du zu fertigem Quiche- oder Tartes-Teig aus dem Kühlregal greifen. Als Beilage zu dem Zwiebelkuchen eignet sich ein Salat, wie beispielsweise der Brokkoli-Salat (S. 24) aus diesem Kochbuch.

# Gefüllte Paprika

Minuten: 25

Portionen: 2

**Zutaten:**

- 2 Paprika
- 125 g Couscous
- 40 g Cranberrys (getrocknet)
- 40 g Erbsen (TK)
- 250 ml Gemüsebrühe
- 75 g gehackte Tomaten
- 125 g passierte Tomaten
- 1 Stiel Koriander
- 1 Stiel Minze
- ½ TL Paprikapulver
- 1 TL Zitronensaft
- Salz
- Pfeffer

**Zubereitung:**

1. Heize den Backofen auf 200 °C (Ober-/Unterhitze) vor.
2. Wasche den Couscous in einem Sieb. Vermische anschließend die Cranberrys mit dem Couscous und dem Paprikapulver in einer Schüssel.
3. Bringe die Gemüsebrühe in einem Topf zum Kochen und gieße die heiße Brühe anschließend in die Schüssel mit dem Couscous.

4. Lasse die Mischung zugedeckt für ca. 5 Minuten quellen.
5. Bringe in einem Topf leicht gesalzenes Wasser zum Kochen und gare die Erbsen darin. Gieße sie anschließend in einem Sieb ab und hebe sie unter den gequollenen Couscous.
6. Wasche die Kräuter und zupfe die Blätter ab. Hacke die Blättchen fein und vermische sie in einer Schüssel mit den gehackten Tomaten sowie etwas Salz, Pfeffer und Zitronensaft.
7. Wasche die Paprikaschoten, halbiere sie und entkerne sie. Befülle sie mit dem Erbsen-Couscous und der Tomaten-Kräuter-Mischung.
8. Gieße die passierten Tomaten in die Auflaufform und setze die Paprikahälften darauf. Würze alles mit Salz sowie Pfeffer und gib die Form für 15 Minuten in den Backofen.
9. Wenn die gefüllten Paprika leicht braun werden, kannst du sie servieren.

---

**Variation:**

- ✔ Anstelle der Paprika kannst du auch Zucchini verwenden. Höhle diese aus, befülle sie und setze sie anschließend wie die Paprika in die Auflaufform. Die Backzeit beträgt bei dieser Variante nur 10 Minuten. Um etwas mehr Würze in das Gericht zu bringen, kannst du noch zerkleinerten Feta über das gefüllte Gemüse geben, bevor du die Form in den Ofen schiebst. Als Beilage zu den Paprika kannst du den Linsen-Salat aus diesem Buch zubereiten (S. 14).

# Backofen-Falafel

**Minuten: 35** **Portionen: 2**

**Zutaten:**

- 500 g Kichererbsen (Dose)
- 250 g Quark
- 50 ml Milch
- 3 Knoblauchzehen
- 1 Zwiebel
- 1 TL Kräuter (nach Wahl)
- ½ TL Kreuzkümmel
- ½ TL Kurkuma
- ½ TL Koriander
- 1 EL Zitronensaft
- 3 EL Olivenöl
- Salz
- Pfeffer

**Zubereitung:**

1. Heize den Backofen auf 220 °C (Umluft) vor.
2. Lasse die Kichererbsen in einem Sieb abtropfen und fülle sie anschließend in eine Schüssel.
3. Schäle die Zwiebeln, hacke sie fein und gib sie ebenfalls in die Schüssel.

4. Schäle die Knoblauchzehen und presse sie über der Schüssel aus.

5. Gib 2 EL Olivenöl, Kurkuma, Kreuzkümmel, Koriander, Zitronensaft, etwas Salz und Pfeffer ebenfalls in die Schüssel. Püriere die Masse mit einem Stabmixer.

6. Forme aus der entstandenen Masse kleine Bällchen (Durchmesser: ca. 3 cm) und lege sie auf ein Backblech.

7. Bestreiche die Bällchen mit dem restlichen Öl und gib sie für ca. 15 Minuten in den Backofen, bis sie goldbraun sind.

8. Verrühre den Quark in einer Schüssel mit der Milch und rühre die Kräuter deiner Wahl unter. Würze den Quark anschließend mit Salz und Pfeffer.

9. Nimm die fertigen Falafel aus dem Ofen und serviere sie zusammen mit dem Kräuterquark.

---

**Variation:**

- ✔ Anstelle des Kräuterquarks kannst du auch fertigen Hummus oder Zaziki zu den Falafel servieren. Alternativ kannst du einen Curry-Dip herstellen. Vermische dazu 150 g Frischkäse mit 50 g Schmand und 1 TL Currypulver. Presse eine Knoblauchzehe über der Mischung aus und verrühre alles gut miteinander. Schmecke den Dip vor dem Servieren mit Salz und Pfeffer ab. Weitere Alternativen für Dips findest du auf S. 190. Als Beilage zu den Falafel kannst du beispielsweise den Blumenkohl-Kichererbsen-Salat (S. 16) aus diesem Kochbuch zubereiten.

# Aufläufe

# Mac'n'Cheese

**Minuten: 35** **Portionen: 4**

**Zutaten:**

- 500 g kleine Makkaroni
- 600 ml Milch
- 120 g Gouda
- 5 EL Butter
- 4 EL Mehl
- Muskat
- Salz
- Pfeffer

**Zubereitung:**

1. Heize den Backofen auf 180 °C (Ober-/Unterhitze) vor.
2. Erhitze in einem Topf gesalzenes Wasser und koche die Nudeln darin gar. Gieße sie anschließend ab und lasse sie in einem Sieb abtropfen.
3. Fette deine Auflaufform mit ein wenig Butter ein.
4. Reibe den Gouda fein.
5. Erhitze die restliche Butter bei mittlerer Hitze in dem Topf, in welchem du zuvor die Nudeln gekocht hast. Rühre das Mehl mit einem Schneebesen ein, sobald die Butter leichte Blasen wirft.

6. Verrühre das Mehl gründlich, bis es nicht mehr erkennbar ist. Gib im Anschluss ⅓ der Milch (200 ml) in den Topf und rühre die Mischung weiter auf mittlerer Hitze mit dem Schneebesen um.

7. Rühre nach und nach die restliche Milch unter und lass die Masse aufkochen, sodass die Zutaten binden und eine gleichmäßige Soße entsteht.

8. Würze die Soße mit etwas Salz, Pfeffer und Muskat.

9. Gib die gekochten Nudeln in die Auflaufform und verteile die Soße darüber. Streue den Gouda über die Mischung und gib den Auflauf für ca. 10 Minuten in den Backofen, bis der Käse geschmolzen und leicht braun ist.

10. Verteile den Auflauf zum Servieren auf den Tellern.

---

**Variation:**

- ✔ Um etwas Frische in den Auflauf zu bringen, kannst du Frühlingszwiebeln in feine Ringe schneiden und sie über die Nudeln geben, bevor du die Soße darüber gibst. Wenn du den Auflauf etwas würziger magst, kannst du anstelle des Goudas Bergkäse verwenden.

# Eier im Spinatnest

**Minuten: 50** **Portionen: 4**

**Zutaten:**

- 500 g frische Spätzle
- 700 g Spinat (TK)
- 2 Schalotten
- 2 Knoblauchzehen
- 100 g Edamer
- 4 Eier
- 250 ml Sahne
- 2 EL Butter
- 1 EL Olivenöl
- Muskat
- Salz
- Pfeffer

**Zubereitung:**

1. Heize den Backofen auf 180 °C (Ober-/Unterhitze) auf.
2. Schäle die Schalotten und den Knoblauch, schneide beides in feine Würfel.
3. Erhitze ¾ der Butter in einer Pfanne und dünste die beiden Zutaten darin für ca. 4 Minuten, bis sie glasig sind.
4. Gib den Spinat ebenfalls in die Pfanne und schließe die Pfanne mit einem Deckel. Rühre zwischendurch den Inhalt der Pfanne um, bis der Spinat aufgetaut ist.

5. Gieße 200 ml der Sahne in die Pfanne und schmecke alles mit etwas Salz, Pfeffer und Muskat ab. Lasse die Masse für 2 Minuten ziehen.

6. Reibe den Käse.

7. Gib die Spätzle in eine Schüssel und würze sie mit Salz und Pfeffer. Gib anschließend 2 EL Öl darüber und durchmische die Spätzle gründlich, sodass alle mit dem Öl benetzt sind.

8. Fette eine Auflaufform mit dem Rest der Butter. Verteile die Spätzle darin und gib anschließend die Spinat-Mischung aus der Pfanne darüber.

9. Drücke mit einem Löffel Vertiefungen für die Eier in den Spinat. Schlage die Eier über den Mulden auf und gib jeweils ein Ei in jede Vertiefung. Gib die restliche Sahne über den Spinat. Streue den Käse über den Auflauf.

10. Gib den Auflauf für ca. 25 Minuten in den Backofen, bis die Eier gestockt sind und der Käse geschmolzen ist.

11. Verteile den Auflauf zum Servieren auf den Tellern.

---

**Variation:**

- ✔ Anstelle der Spätzle kannst du auch gekochte Kartoffeln als erste Schicht in den Auflauf legen. Schneide diese dafür einfach in Scheiben und schichte sie in der Form.

# One-Pot-Nudelauflauf

**Minuten: 35** **Portionen: 4**

**Zutaten:**

- 300 g Rigatoni
- 150 g Champignons
- 2 rote Zwiebeln
- 1 Knoblauchzehe
- 100 g Bergkäse
- 40 g Gorgonzola
- 200 ml Sahne
- 500 ml Gemüsebrühe
- 150 ml Rotwein
- 3 EL Butter
- 1 EL Zucker
- 1 TL Thymian
- Salz
- Pfeffer

**Zubereitung:**

1. Heize den Backofen auf 200 °C (Ober-/Unterhitze) vor.
2. Schäle die Zwiebeln sowie den Knoblauch und schneide beides in feine Stücke. Putze die Champignons und schneide sie in dünne Scheiben.
3. Reibe den Bergkäse und schneide den Gorgonzola in Stücke.

4. Erhitze die Butter in einem ofenfesten Topf. Gib die Zwiebeln mit dem Zucker hinzu und dünste sie für ca. 10 Minuten auf mittlerer Hitze an. Gib nach der Hälfte der Zeit die Champignons und den Knoblauch hinzu. Gieße anschließend den Wein in den Topf und lasse ihn für 5 Minuten einkochen.
5. Gib die Brühe in den Topf und lasse sie aufkochen. Füge die Nudeln und den Thymian ebenfalls hinzu und lasse die Nudeln für ca. 10 Minuten gar kochen.
6. Gieße die Sahne in den Topf, wenn die Nudeln al dente sind. Rühre die Hälfte der beiden Käsesorten unter die Mischung. Streue den restlichen Käse über die Nudeln und verrühre ihn nicht.
7. Gib den Topf für ca. 5 Minuten in den Backofen, bis der Käse geschmolzen ist.
8. Verteile den Auflauf zum Servieren auf den Tellern.

---

**Variation:**

- ✔ Da es ein One-Pot-Gericht ist, werden alle Zubereitungsschritte in nur einem Topf vorgenommen. Solltest du keinen ofenfesten Topf besitzen, kannst du die Zubereitung auch in einem normalen Topf machen. Im letzten Schritt gibst du den Auflauf nicht in den Ofen, sondern schließt den Topf mit einem Deckel. So schmilzt der Käse auch, er wird nur nicht braun so wie im Ofen.

# Überbackenes Gemüse

**Minuten: 30** **Portionen: 3**

**Zutaten:**

- 500 g Brokkoli
- 500 g Blattspinat
- 500 g Blumenkohl
- 4 Möhren
- 200 g Emmentaler
- 200 g Crème fraîche
- 1 TL Butter
- Salz
- Pfeffer

**Zubereitung:**

1. Wasche den Brokkoli sowie den Blumenkohl und zerteile beides in kleine Röschen. Schäle die Möhren und schneide sie in dünne Scheiben.
2. Wasche den Spinat und lasse ihn in einem Sieb gründlich abtropfen.
3. Reibe den Käse.
4. Heize den Backofen auf 180 °C (Umluft) vor.

5. Erhitze in einem Topf gesalzenes Wasser und gare darin den Brokkoli, den Blumenkohl und die Möhren für ca. 5 Minuten, bis das Gemüse bissfest ist.

6. Gieße das Gemüse ab und gib es zurück in den Kochtopf.

7. Rühre die Crème fraîche und den Spinat unter. Würze die Masse mit Salz und Pfeffer.

8. Fette eine Auflaufform mit Butter und gib das Gemüse aus dem Topf hinein. Streue den Käse darüber und gib die Mischung für ca. 20 Minuten in den Ofen, bis der Auflauf goldbraun gebacken ist.

9. Verteile das überbackene Gemüse zum Servieren auf den Tellern.

---

**Variation:**

- ✔ Als Beilage zu dem Gemüse kannst du die Fächerkartoffeln (S. 140) oder die Kartoffel-Pancakes (S. 92) aus diesem Kochbuch servieren.

# Maultaschen-Auflauf

**Minuten: 30** **Portionen: 2**

**Zutaten:**

- 300 g frische Maultaschen (vegetarisch gefüllt)
- 200 g Fenchel
- 1 Zucchini
- 1 Knoblauchzehe
- 400 g gehackte Tomaten (Dose)
- 100 g Gouda
- 1 TL Oregano
- 1 EL Olivenöl
- Salz
- Pfeffer

**Zubereitung:**

1. Heize den Backofen auf 200 °C (Ober-/Unterhitze) vor.
2. Wasche den Fenchel sowie die Zucchini und schneide beides in kleine Stücke. Schäle die Knoblauchzehe und hacke sie fein.
3. Erhitze das Öl in einer Pfanne und gib die Knoblauchzehe sowie das restliche Gemüse hinein und brate alles für ca. 5 Minuten an.
4. Schneide die Maultaschen in Stücke und gib sie für 2 Minuten ebenfalls in die Pfanne zu dem Gemüse.

5. Würze die Masse in der Pfanne mit dem Oregano sowie etwas Salz und Pfeffer.
6. Reibe den Käse.
7. Gib die gehackten Tomaten in eine Auflaufform und verteile die Maultaschen mit dem Gemüse darüber.
8. Streue den Käse über die Masse und gib den Auflauf für ca. 20 Minuten in den Ofen, bis der Käse goldbraun ist.
9. Verteile den Auflauf zum Servieren auf den Tellern.

---

**Variation:**

- ✔ Die Maultaschen kannst du durch Tortellini ersetzen. Wähle dafür die Tortellini deiner Wahl mit vegetarischer Füllung. Das Gemüse ist ebenfalls austauschbar: Paprika, Zucchini oder Champignons passen beispielsweise gut in diesen Auflauf.

# Ofenkartoffeln mit Pilzen

**Minuten: 90**

**Portionen: 4**

**Zutaten:**

- 1 kg Kartoffeln
- 200 g Champignons
- 1 Stange Porree
- 2 Möhren
- 200 ml Sahne
- 100 g Gouda
- 2 TL Gemüsebrühepulver
- 2 EL Butter
- 2 EL Mehl
- 2 EL Öl
- Muskat
- Salz
- Pfeffer

**Zubereitung:**

1. Heize den Backofen auf 175 °C (Umluft) vor.
2. Wasche die Kartoffeln und schneide sie kreuzweise ein.
3. Gib die Kartoffeln in eine Auflaufform und beträufle sie mit dem Öl. Würze die Kartoffeln mit Salz sowie Pfeffer und gib sie für ca. 1 Stunde in den Backofen, bis sie durchgebacken sind.

4. Wasche den Porree, entferne die Enden und schneide ihn in Ringe. Schäle die Möhren und schneide sie in feine Stücke. Putze die Pilze und viertle sie.

5. Erhitze die Butter in einer Pfanne und dünste die Möhren, die Pilze und den Porree darin für 5 Minuten. Würze das Gemüse mit Salz und Pfeffer.

6. Streue das Mehl darüber und vermenge es, sodass es nicht mehr zu erkennen ist.

7. Gieße anschließend 400 ml Wasser, die Sahne sowie das Gemüsebrühepulver in die Pfanne und verrühre die Flüssigkeit gründlich, bis eine sämige Soße entsteht. Lasse die Masse bei mittlerer Hitze für ca. 5 Minuten köcheln.

8. Schmecke das Ganze mit Salz, Pfeffer und etwas Muskat ab.

9. Reibe den Käse.

10. Nimm die Kartoffeln aus dem Ofen und schneide sie zur Hälfte ein. Brich sie leicht auseinander und verteile die Porree-Pilz-Mischung darüber. Streue den Käse ebenfalls über die Ofenkartoffeln und gib den Auflauf für weitere 12 Minuten in den Backofen.

11. Nimm die Ofenkartoffeln aus dem Ofen, sobald der Käse goldbraun wird und verteile die gefüllten Kartoffeln zum Servieren auf den Tellern.

---

**Variation:**

- ✔ Das Gemüse kannst du durch andere Sorten deiner Wahl ersetzen. Kohlrabi, Frühlingszwiebeln oder Zucchini eigenen sich für das Rezept ebenfalls gut. Als Beilage zu den Ofenkartoffeln eignet sich der Rucola-Salat (S. 30) aus diesem Kochbuch.

# Pizza-Gnocchi

**Minuten: 35** **Portionen: 3**

**Zutaten:**

- 500 g frische Gnocchi
- 400 g stückige Tomaten (Dose)
- 1 Paprika
- 200 g Mais (Dose)
- 120 g Schmand
- 1 EL Tomatenmark
- 100 g Mozzarella (gerieben)
- 1 TL Butter
- 1 TL Oregano
- 3 Stiele Basilikum
- Salz
- Pfeffer

**Zubereitung:**

1. Heize den Ofen auf 180 °C (Umluft) vor.
2. Wasche die Paprika und schneide sie in kleine Stücke. Gib den Mais in ein Sieb und lasse ihn abtropfen.
3. Fette eine Auflaufform. Gib die Gnocchi hinein und verteile die Paprikastücke sowie den Mais darüber.

4. Vermische die stückigen Tomaten mit dem Tomatenmark, etwas Salz und Pfeffer sowie dem Oregano in einer Schüssel und gib die Mischung über die Gnocchi in der Auflaufform.
5. Reibe den Käse. Streue ihn über die Tomatensoße.
6. Gib den Auflauf für ca. 30 Minuten in den Backofen, bis der Käse goldbraun gebacken ist.
7. Wasche das Basilikum, zupfe die Blätter ab und hacke sie fein.
8. Nimm den Auflauf aus dem Ofen und verteile ihn zum Servieren auf den Tellern. Streue zum Schluss das Basilikum darüber.

---

**Variation:**

- ✔ Anstelle der Gnocchi kannst du für das Gericht auch gekochte Nudeln deiner Wahl verwenden. Besonders gut eignen sich Maccheroni, Spiralnudeln oder Penne. Das Gemüse ist in dem Rezept ebenfalls austauschbar: Champignons, Tomaten oder Aubergine eignen sich ebenfalls gut. Wenn du das Gericht etwas würziger zubereiten möchtest, dann ersetze die Hälfte des Käses durch Parmesan. Außerdem kannst du kleingeschnittene Oliven oder Kapern in die Tomatensoße geben. Als Beilage zu dem Gericht passt ein frischer Salat wie der Rucola-Salat (S. 30) aus diesem Kochbuch.

# Provence-Lasagne

**Minuten: 90**

**Portionen: 4**

**Zutaten:**

- 16 Lasagne-Blätter
- 1,6 kg stückige Tomaten (Dose)
- 1 Zucchini
- 1 Aubergine
- 2 Paprika
- 1 Zwiebel
- 2 Knoblauchzehen
- 300 ml Milch
- 250 g nussiger Käse (z.B. Fol Epi)
- 3 EL Butter
- 150 g Crème fraîche
- 2 EL Mehl
- 2 EL Olivenöl
- 2 TL Kräuter der Provence
- Salz
- Pfeffer

**Zubereitung:**

1. Heize den Backofen auf 200 °C (Ober-/Unterhitze) vor.
2. Wasche die Paprika, Zucchini sowie die Aubergine und schneide alles in kleine Stücke. Schäle die Zwiebel sowie den Knoblauch und schneide beides ebenfalls klein.

3. Erhitze das Öl in einer Pfanne und dünste die Zwiebeln mit dem Knoblauch darin für 2 Minuten. Gib das restliche Gemüse hinzu und brate alles für 5 Minuten an. Lösche die Masse mit den stückigen Tomaten ab und vermenge alles miteinander. Würze den Pfanneninhalt mit etwas Salz, Pfeffer sowie den Kräutern der Provence. Lasse die Masse für 3 Minuten köcheln.
4. Schmilz 2 EL Butter in einem Topf und rühre das Mehl ein, sobald die Butter Bläschen wirft. Verrühre das Mehl gründlich, bis es nicht mehr erkennbar ist. Gieße nach und nach die kalte Milch unter ständigem Rühren hinzu. Gib die Crème fraîche hinzu und bringe die Soße unter weiterem Rühren zum Aufkochen. Schmecke die Soße mit Salz und Pfeffer ab. Nimm die entstandene Béchamelsoße vom Herd.
5. Fette eine Auflaufform mit der restlichen Butter. Gib etwas von der Gemüsemischung in die Form und verteile die erste Schicht der Lasagneplatten darauf. Verteile darauf wieder das Tomaten-Gemüse und lege erneut Lasagneplatten darüber. Nachdem du die Hälfte der Gemüse-Masse verteilt hast, lege eine Schicht der Käsescheiben darauf. Schichte dann wieder die Lasagneplatten mit der Gemüse-Mischung, bis alles aufgebraucht ist. Schließe mit der Gemüseschicht ab. Verteile darüber die Béchamelsoße und die andere Hälfte der Käsescheiben.
6. Gib die Lasagne für 35 Minuten in den Ofen, bis der Käse goldbraun gebacken ist. Verteile die Lasagne zum Servieren auf den Tellern.

---

**Variation:**

✔ Um etwas mehr Würze in das Gericht zu geben, kannst du zusätzlich Parmesan auf die Lasagne geben. Das Gemüse kannst du nach Bedarf austauschen, beispielsweise Champignons eignen sich gut.

# Fast Food

# Grillkäse-Burger

**Minuten: 20**

**Portionen: 2**

**Zutaten:**

- 250 g Grillkäse
- 2 Laugenbrötchen
- 100 g Frischkäse
- 200 g Krautsalat
- 1 Tomate
- 5 EL Olivenöl
- 1 TL Rosmarin
- 1 TL Thymian
- Salz
- Pfeffer

**Zubereitung:**

1. Gib den Grillkäse in einen tiefen Teller und mariniere ihn mit 4 EL Öl, den Kräutern sowie etwas Salz und Pfeffer. Führe diesen Schritt 2 bis 3 Stunden vor der restlichen Zubereitung durch, damit die Marinade etwas einziehen kann.
2. Erhitze eine Pfanne ohne Fett und gib den marinierten Käse für ca. 2 Minuten von jeder Seite hinein, bis er goldbraun gebraten ist.
3. Wasche die Tomate und schneide sie in dünne Scheiben.
4. Lasse den Krautsalat in einem Sieb ein wenig abtropfen.

5. Schneide die Laugenbrötchen auf. Gib das restliche Öl in die Pfanne, in der du den Grillkäse angebraten hast und röste die Brötchenhälften darin für 2 Minuten.

6. Bestreiche die Brötchenhälften mit dem Frischkäse. Gib die Tomatenscheiben und den Grillkäse darauf. Lege anschließend etwas Krautsalat über den Grillkäse und schließe den Burger mit der oberen Brötchenhälfte ab.

7. Serviere die fertigen Burger auf einem Teller.

---

**Variation:**

- ✔ Das Rezept kannst du mit einem Honig-Senf-Dip erweitern. Verrühre dafür 100 g Crème fraîche in einer Schüssel mit 1 EL Honig, 1 TL Zitronensaft und 1 EL Senf. Würze den Dip mit Salz sowie Pfeffer und serviere ihn mit dem Burger. Anstelle des Krautsalats kannst du auch grünen Salat verwenden. Als Beilage zu dem Gericht passen die Zucchini-Pommes (S. 182) oder Fächerkartoffeln (S. 140) aus diesem Kochbuch.

# Quesadillas

Minuten: 25 | Portionen: 4

**Minuten: 25**

**Portionen: 4**

## Zutaten:

- 4 Tortilla Wraps
- 300 g Mais (Dose)
- 250 g Kidneybohnen (Dose)
- 1 Zwiebel
- 3 Frühlingszwiebeln
- 100 g Kirschtomaten
- 300 g Gouda
- ½ TL Kreuzkümmel
- 2 Stiele Koriander
- Salz
- Pfeffer

## Zubereitung:

1. Wasche den Mais und die Kidneybohnen in einem Sieb und lasse beides abtropfen.
2. Schäle die Zwiebel und hacke sie in feine Stücke. Wasche die Frühlingszwiebeln sowie die Tomaten und schneide beides in kleine Stücke.
3. Gib den Mais mit den Kidneybohnen, der Zwiebel, den Tomaten sowie den Frühlingszwiebeln in eine Schüssel. Vermische das

Gemüse und würze alles mit etwas Salz, Pfeffer sowie dem Kreuzkümmel.

4. Wasche den Koriander und zupfe die Blätter ab. Hacke sie anschließend fein.
5. Erhitze eine Pfanne ohne Fett und gib die Wraps einzeln für kurze Zeit hinein, sodass sie sich leicht erwärmen.
6. Reibe den Käse. Streue den Käse auf die Hälfte der Wraps.
7. Gib die Gemüse-Mischung aus der Schüssel ebenfalls auf die Wraps und streue den Koriander darüber. Lege anschließend die unbelegten Wraps über die beiden belegten.
8. Gib die gefüllten Wraps einzeln in die Pfanne und erwärme sie, bis der Käse schmilzt.
9. Schneide die entstandenen Quesadillas vor dem Servieren in Viertel und verteile sie auf den Tellern.

---

**Variation:**

- Die Füllung der Quesadillas kannst du nach Belieben abwandeln. Neben Gemüse kannst du die Wraps auch mit angebratenem Räuchertofu füllen. Als Gemüsealternativen bieten sich Champignons oder Paprika an. Um noch eine Beilage zu dem Gericht herzustellen, kannst du den mexikanischen Mais-Salat (S. 20) aus diesem Kochbuch zubereiten.

# Süßkartoffel-Wedges

Minuten: 30 | Portionen: 4

**Zutaten:**

- 300 g Süßkartoffeln
- 1 Avocado
- ½ Mango
- 1 EL Zitronensaft
- ½ Bund Petersilie
- 1 TL Paprikapulver
- 2 EL Rapsöl
- 4 EL Olivenöl
- Pfeffer
- Salz

**Zubereitung:**

1. Heize den Backofen auf 200 °C (Ober-/Unterhitze) vor.
2. Wasche die Süßkartoffeln gründlich und trockne sie anschließend mit einem Küchentuch. Schneide die Enden der Kartoffel ab. Halbiere die Süßkartoffel an der kurzen Seite und schneide sie anschließend in Spalten, sodass Wedges entstehen.
3. Gib die Wedges in eine Schüssel und mariniere sie mit dem Öl, dem Paprikapulver sowie etwas Salz und Pfeffer.
4. Verteile die Wedges anschließend auf einem Backblech und gib sie für 20 Minuten in den Ofen.

5. Wende sie nach ca. 15 Minuten, damit sie von allen Seiten braun werden.

6. Schneide die Avocado auf und nimm das Fruchtfleisch mit einem Löffel aus der Schale. Zerdrücke das Fruchtfleisch in einer Schüssel mit einer Gabel. Rühre den Zitronensaft sowie etwas Salz und Pfeffer unter.

7. Wasche die Petersilie, zupfe die Blätter ab und hacke sie fein. Gib sie anschließend unter die Avocadocreme.

8. Halbiere die Mango und schneide das Fruchtfleisch heraus. Schneide es anschließend in kleine Stücke. Gib die Stücke ebenfalls unter die Avocadocreme und verrühre alles miteinander.

9. Nimm die Wedges aus dem Ofen und verteile sie mit der Mango-Avocado-Creme auf den Tellern.

---

**Variation:**

- ✔ Alternativ kannst du zu den Wedges fertigen Hummus oder Kräuterquark servieren. Weitere Rezepte für Dips findest du auf S. 190. Anstelle der Süßkartoffeln eignen sich für das Gericht auch normale Kartoffeln. Beachte hierbei, dass du die Garzeit im Backofen anpassen musst. Als Beilage zu dem Gericht passt beispielsweise der panierte Blumenkohl (S. 108).

# Pizza-Baguettes

Minuten: 45 | Portionen: 2

**Zutaten:**

- 1 Baguette
- 250 g stückige Tomaten
- 20 g getrocknete Tomaten
- 200 g Champignons
- 1 Knoblauchzehe
- 100 g Emmentaler
- 1 TL Oregano
- 1 TL Basilikum
- 2 EL Olivenöl
- Salz
- Pfeffer

**Zubereitung:**

1. Heize den Backofen auf 220 °C (Ober-/Unterhitze) vor.
2. Vermische die stückigen Tomaten in einer Schüssel mit dem Basilikum sowie etwas Salz und Pfeffer.
3. Putze die Pilze und schneide sie in dünne Scheiben. Schäle den Knoblauch und hacke ihn fein. Schneide die getrockneten Tomaten in kleine Stücke.
4. Erhitze 1 EL Öl in einer Pfanne und brate die Pilze mit dem Knoblauch darin für 5 Minuten an.

5. Gib nach 2 Minuten die getrockneten Tomaten hinzu. Würze die Mischung mit etwas Salz sowie Pfeffer und dem Oregano.

6. Reibe den Käse.

7. Schneide das Baguette längs auf, halbiere es und lege die Teile auf ein Backblech. Bestreiche sie mit der Tomatenmasse und gib die Pilzmischung aus der Pfanne darüber. Bestreue die Baguettes mit dem Käse und beträufle sie mit dem restlichen Öl.

8. Gib die Baguettes für 12 Minuten in den Backofen.

9. Nimm die Baguettes aus dem Ofen, sobald der Käse geschmolzen ist und leicht braun wird. Verteile die Pizza-Baguettes zum Servieren auf den Tellern.

---

**Variation:**

- ✔ Den Belag der Baguettes kannst du ganz nach deinem Geschmack variieren. Eine Alternative wäre beispielsweise Schmand als Ersatz für die Tomatensoße. Bestreiche die Baguettes damit und belege sie mit den angebratenen Pilzen und Knoblauch. Anstelle des Emmentalers kannst du bei dieser Variante Gorgonzola verwenden. Dieser macht das Baguette besonders würzig. Als Beilage zu den Baguettes kannst du beispielsweise den Feldsalat (S. 22) aus diesem Kochbuch servieren.

# Gefülltes Fladenbrot

**Minuten: 35** **Portionen: 4**

**Zutaten:**

- 1 Fladenbrot
- 400 g Kidneybohnen (Dose)
- 80 g zarte Haferflocken
- 400 g stückige Tomaten (Dose)
- 200 g passierte Tomaten (Dose)
- 3 EL Tomatenmark
- 1 Zwiebel
- 1 Knoblauchzehe
- 300 g Gurke
- 2 EL Petersilie
- 1 TL Thymian
- 1 TL Kreuzkümmel
- 1 TL Paprikapulver
- 1 EL Olivenöl
- Salz
- Pfeffer

**Zubereitung:**

1. Schäle die Zwiebel sowie die Knoblauchzehe und schneide beides in Stücke.
2. Wasche die Kidneybohnen in einem Sieb und lasse sie anschließend abtropfen.

3. Gib die Zwiebel- und Knoblauchstücke mit den Kidneybohnen, den Haferflocken, der Sojasoße sowie etwas Salz und Pfeffer in einen Mixer und mixe alles kurz durch, sodass die Masse eine ähnliche Konsistenz wie Hackfleisch hat.
4. Heize den Backofen auf 200 °C (Ober-/Unterhitze) vor.
5. Erhitze das Öl in einer Pfanne und brate die Masse darin an. Nimm die Pfanne vom Herd, sobald die Masse knusprig krümelig ist.
6. Vermische die stückigen Tomaten mit den passierten Tomaten, dem Tomatenmark, der Petersilie, dem Thymian, Kreuzkümmel sowie Paprikapulver in einer Schüssel zu einer glatten Masse.
7. Schneide das Fladenbrot in 4 Stücke und schneide diese auf, sodass Taschen entstehen. Bestreiche die Fladenbrottaschen von innen mit der Tomatenmasse und gib die angebratene Kidneybohnen-Masse darauf. Verteile die Fladenbrotstücke auf einem Backblech und gib sie für 10 Minuten in den Backofen.
8. Wasche die Gurke und schneide sie in kleine Stücke. Würze sie mit Salz und Pfeffer.
9. Nimm die Fladenbrote aus dem Ofen und verteile vor dem Servieren die Gurkenstücke in den Brottaschen.

---

**Variation:**

- ✔ Als Dip zu den gefüllten Fladenbrottaschen passt Zaziki oder Kräuterquark. Weitere Rezepte für Dips findest du auf S. 190. Als Ergänzung zur Füllung eignet sich Krautsalat oder frischer Salat. Um noch eine Beilage zu dem Gericht zu servieren, kannst du die Zucchini-Pommes (S. 182) aus diesem Kochbuch zubereiten.

# Überbackene Nachos

Minuten: 20

Portionen: 2

**Zutaten:**

- 150 g Nachos
- 100 g Mozzarella
- 1 TL Limettensaft
- 2 Frühlingszwiebeln
- 80 g Feta
- 1 Avocado
- 2 Stiele Koriander
- Salz
- Pfeffer

**Zubereitung:**

1. Heize den Backofen auf 220 °C (Ober-/Unterhitze) vor.
2. Schneide die Mozzarellakugel in feine Scheiben.
3. Verteile die Nachos auf einem Backblech und streue den Mozzarella darüber. Zerbrösle den Feta in deinen Händen und streue ihn ebenfalls über die Nachos.
4. Gib das Backblech für 7 Minuten in den Backofen, bis der Käse geschmolzen und leicht braun geworden ist.
5. Halbiere die Avocado und entnimm das Fruchtfleisch mit einem Löffel.

6. Zerdrücke das Fruchtfleisch der Avocado mit einer Gabel in einer Schüssel. Gib den Limettensaft sowie etwas Salz und Pfeffer dazu und vermische alles miteinander.
7. Wasche die Frühlingszwiebeln und schneide sie in feine Ringe. Gib sie 2 Minuten vor Ende der Backzeit ebenfalls über die Nachos.
8. Wasche den Koriander, zupfe die Blätter ab und hacke sie fein.
9. Nimm die Nachos aus dem Ofen und verteile die Kräuter vor dem Servieren darüber.

---

**Variation:**

- Um das Gericht etwas schärfer zu gestalten, kannst du zusätzlich eine Chilischote klein schneiden und ebenfalls über die Nachos geben. Außerdem eignen sich Jalapeños als Ergänzung. Zu dem Gericht kannst du Dips servieren, passende Rezepte dazu findest du auf S. 190.

# Zucchini-Pommes

**Minuten: 40** **Portionen: 2**

**Zutaten:**

- 2 Zucchini
- 100 g Semmelbrösel
- 30 g Parmesan
- 1 Ei
- 1 TL Barbecue-Soße
- 2 TL Ketchup
- 1 TL Tomatenmark
- 2 TL Speisestärke
- 1 TL Rapsöl
- 1 TL Currypulver
- ½ TL Paprikapulver
- Salz
- Pfeffer

**Zubereitung:**

1. Heize den Backofen auf 180 °C (Umluft) vor.
2. Wasche die Zucchini und schneide die Enden ab. Schneide die Zucchini in Stifte, die ungefähr der Größe von Pommes entsprechen. Gib die Stifte in eine Schüssel und bestreue sie mit ½ TL Salz. Lasse die Mischung für 15 Minuten ruhen.
3. Vermenge die Speisestärke mit den Semmelbröseln und gib den Mix auf einen flachen Teller.

4. Schlage das Ei auf und verquirle es in einem anderen flachen Teller. Reibe den Parmesan und vermenge ihn mit der Ei-Masse.

5. Ziehe die Zucchinistifte erst durch die Eimischung und wälze sie anschließend in dem Semmelbrösel-Mix. Lege die ummantelten Zucchinipommes auf ein Backblech und gib sie für ca. 15 Minuten in den Backofen, bis sie knusprig braun gebacken sind.

6. Erhitze für den Dip das Rapsöl in einer Pfanne zusammen mit dem Currypulver. Rühre anschließend das Tomatenmark, die Barbecue-Soße sowie den Ketchup hinein. Verrühre alles miteinander und nimm die Pfanne vom Herd. Würze den Dip anschließend mit Salz und Pfeffer.

7. Nimm die Zucchinipommes aus dem Backofen und bestreue sie mit dem Paprikapulver.

8. Verteile sie auf den Tellern und serviere sie mit dem Dip.

---

**Variation:**

- ✔ Anstelle der Zucchini kannst du für die Pommes Kohlrabi verwenden. Passe hier die Backzeit an, die etwas länger ausfallen sollte, als bei den Zucchini. Je nach Dicke der Kohlrabi-Pommes benötigen diese im Backofen 20 bis 25 Minuten. Die Zucchini-Pommes eignen sich gut als Beilage zu anderen vegetarischen Gerichten, wie beispielsweise den Quesadillas (S. 172) oder dem Grillkäse-Burger (S. 170) aus diesem Kochbuch.

# Brain Food

# Apfel-Zimt-Energy-Balls

**Minuten: 45** **Portionen: 30 (Bällchen)**

**Zutaten:**

- 200 g Äpfel
- 200 g Haferflocken
- 50 g Rosinen
- 1 TL Zimt
- 2 EL Honig

**Zubereitung:**

1. Heize den Backofen auf 160 °C (Ober-/Unterhitze) vor.
2. Wasche die Äpfel, viertle und entkerne sie. Schneide sie in grobe Stücke und gib sie in einen Mixer.
3. Püriere die Äpfel mit 100 g der Haferflocken in einer Schüssel zu einer feinen Masse. Nutze dazu einen elektrischen Mixer oder Pürierstab.
4. Hacke die Rosinen in feine Stücke.
5. Rühre die restlichen Haferflocken sowie die Rosinen unter die Apfel-Haferflocken-Mischung und gib den Zimt hinzu.

6. Verrühre alles gründlich und gib den Honig hinzu. Sollte dir die Masse in diesem Schritt noch nicht süß genug sein, kannst du einfach etwas mehr Honig hinzufügen.
7. Forme aus der Masse mit Hilfe eines Teelöffels kleine Bällchen.
8. Gib die Kugeln auf ein Backblech und schiebe dies anschließend für ca. 25 Minuten in den Ofen, bis die Kugeln leicht braun geworden sind.
9. Nimm die Bällchen aus dem Backofen. Wenn du sie nicht direkt verzehren möchtest, kannst du sie in eine Keksdose oder einen anderen Behälter füllen, damit sie länger frisch bleiben.

---

**Variation:**

- ✔ Anstelle des Honigs kannst du auch Agavendicksaft verwenden. Die Rosinen kannst du durch Cranberrys oder getrocknete Aprikosen ersetzen. Um den Bällchen einen anderen Geschmack zu geben, kannst du zusätzlich gehackte Schokolade unter die Mischung geben.

# Geröstete Kichererbsen

Minuten: 50

Portionen: 2

**Zutaten:**

- 400 g Kichererbsen (Dose)
- 2 TL Olivenöl
- 50 g Sesamkörner
- 50 g Erdnüsse
- 1 TL Butter
- ½ TL Paprikapulver
- Salz
- Pfeffer

**Zubereitung:**

1. Heize den Backofen auf 190 °C (Ober-/Unterhitze) vor.
2. Wasche die Kichererbsen in einem Sieb und lasse sie abtropfen.
3. Vermische die Kichererbsen mit dem Öl in einer Schüssel und würze sie nach Geschmack mit dem Paprikapulver sowie etwas Salz und Pfeffer.
4. Gib die Kichererbsen auf ein Backblech und lasse sie für ca. 40 Minuten im Backofen braun werden.
5. Hacke die Erdnüsse fein.

6. Erhitze die Butter in einer Pfanne und röste darin die Erdnüsse zusammen mit den Sesamkörnern für 3 Minuten, bis sie leicht braun werden.
7. Nimm die Kichererbsen aus dem Backofen und wälze sie zum Schluss in dem Erdnuss-Sesam-Mix.

---

**Variation:**

- ✔ Anstelle der Kichererbsen kannst du auch Kidneybohnen verwenden. Passe dafür die Backzeit auf 30 Minuten an. Die Kidneybohnen werden nicht so kross wie die Kichererbsen, eigenen sich aber dennoch hervorragend.

# Gemüsesticks mit Dips

**Minuten: 15** **Portionen: 2**

**Zutaten:**

- 2 Paprika
- 1 Gurke
- 2 Möhren
- 2 Stängel Staudensellerie
- 150 g Frischkäse
- 150 g Joghurt
- 1 TL Tomatenmark
- 2 Stiele Petersilie
- ½ TL Paprikapulver
- ½ TL Currypulver
- Salz
- Pfeffer

**Zubereitung:**

1. Wasche die Paprika, die Gurke und den Staudensellerie. Schäle die Möhren. Schneide das gesamte Gemüse in Streifen.
2. Wasche die Petersilie, zupfe die Blättchen ab und hacke sie fein.
3. Vermische für den ersten Dip 50 g Frischkäse sowie 50 g Joghurt mit der Petersilie in einer Schüssel und würze den Dip mit Salz und Pfeffer.

4. Verrühre für den zweiten Dip 50 g Frischkäse sowie 50 g Joghurt in einer Schüssel mit dem Tomatenmark und dem Paprikapulver.
5. Für den letzten Dip verrührst du den restlichen Frischkäse sowie Joghurt mit Currypulver und etwas Salz sowie Pfeffer.
6. Serviere die Gemüsesticks zusammen mit den Dips.

---

**Variation:**

- Als alternatives Gemüse kannst du auch Champignons, Zucchini, Kohlrabi oder Romanasalat verwenden. Wenn du wenig Zeit hast, kannst du zu fertigen Dips greifen. Besonders gut eignen sich Hummus, Kräuterquark oder auch Zaziki.

# Honig-Joghurt

**Minuten: 5** **Portionen: 2**

**Zutaten:**

- 1 reife Banane
- 100 g Joghurt
- 300 g griechischer Joghurt
- 20 g Walnüsse
- 2 EL Honig
- ½ TL Zimt

**Zubereitung:**

1. Schäle die Banane und schneide sie in Stücke.
2. Hacke die Walnüsse klein und röste sie in einer Pfanne ohne Fett für 3 Minuten an. Achte darauf, dass die Walnüsse nicht zu braun werden, da sie sonst schnell verbrennen können und nicht mehr genießbar sind.
3. Vermenge den Joghurt mit dem griechischen Joghurt in einer Schüssel zu einer glatten Masse.
4. Hebe die Bananenstücke unter die Masse.
5. Verteile den Bananenjoghurt in die Schälchen und streue die Walnüsse sowie den Zimt darüber.

6. Träufle zum Abschluss den Honig über den fertigen Joghurt.

---

**Variation:**

- Anstelle der Banane kannst du auch zu anderem Obst greifen. Heidelbeeren, Erdbeeren, Himbeeren, Pfirsiche, Trauben, Mangos, Birnen oder Äpfel eignen sich ebenfalls sehr gut. Schneide das Obst einfach klein und gib es unter den Joghurt. Alternativ zu dem Honig kannst du den Snack mit Agavendicksaft beträufeln. Die Walnüsse kannst du durch andere Nüsse wie beispielsweise Mandeln oder Haselnüsse ersetzen.

# Knäckebrot Deluxe

**Minuten: 10**

**Portionen: 1**

**Zutaten:**

- 3 Scheiben Knäckebrot
- 50 g Ziegenfrischkäse
- 1 Stiel Rosmarin
- 20 g Datteln (getrocknet)
- 20 g Walnüsse
- 1 TL Honig
- Salz
- Pfeffer

**Zubereitung:**

1. Wasche den Rosmarin und zupfe die Nadeln ab. Hacke sie in feine Stücke.
2. Hacke die Datteln in kleine Stücke. Zerteile anschließend die Walnüsse in grobe Stücke.
3. Verstreiche den Ziegenkäse auf den Knäckebrot-Scheiben.
4. Bestreue sie anschließend mit etwas Salz und Pfeffer.
5. Gib die Dattelstücke auf die Knäckebrote und beträufle alles mit dem Honig.

6. Streue zum Schluss den gehackten Rosmarin sowie die Walnussstücke darüber.

---

**Variation:**

- Anstelle des frischen Rosmarins kannst du zu getrocknetem greifen oder das Gewürz durch Oregano oder Thymian ersetzen. Als Ersatz für die Walnüsse eignen sich Cashewnüsse. Das Knäckebrot kannst du durch geröstetes Graubrot, Vollkorntoast oder anderes Brot deiner Wahl ersetzen. Wenn du den Geschmack von Ziegenkäse nicht magst, kannst du Frischkäse für die Zubereitung verwenden.

# Bananen-Tortillas

**Minuten: 10** **Portionen: 2**

**Zutaten:**

- 3 Tortilla-Wraps
- 3 reife Bananen
- 3 EL Erdnussbutter (mit Stückchen)

**Zubereitung:**

1. Bestreiche die Tortillas gleichmäßig mit der Erdnussbutter. Wenn du das Gericht etwas crunchiger gestalten möchtest, kannst du an dieser Stelle auch stückige Erdnussbutter verwenden.
2. Schäle die Bananen und lege jeweils eine Banane in die Mitte der Tortillas.
3. Rolle die Tortillas auf und schneide sie zum Verzehren in ca. 2 cm große in Ringe.

### Variation:

- Anstelle der Bananen kannst du auch anderes Obst zum Füllen der Wraps benutzen. Eine Variation wären Erdbeeren. Bei dieser Variante kannst du die Wraps mit Nutella bestreichen. Auch Blaubeeren eignen sich gut als Belag. Hier kannst du Honig zum Bestreichen der Wraps verwenden. Wenn du das Rezept etwas aufwendiger gestalten möchtest, kannst du anstelle von den fertigen Wraps auch Pfannkuchen backen. Greife dazu beispielsweise auf das Rezept für Hafer-Pfannkuchen auf S. 216 zurück.

# Snacks

# Hummus-Wrap

**Minuten: 10** **Portionen: 2**

**Zutaten:**

- 4 Wraps
- 100 g Hummus
- 100 g Kirschtomaten
- 4 Blätter Romanasalat
- 100 g Gurke
- 100 g Kichererbsen
- 100 g Joghurt
- ½ TL Kreuzkümmel
- ½ TL Zitronensaft
- Salz
- Pfeffer

**Zubereitung:**

1. Wasche die Gurke, den Salat sowie die Tomaten. Schneide die Tomaten und die Gurke in Stücke. Schneide den Salat in grobe Streifen.
2. Wasche die Kichererbsen und lasse sie abtropfen.
3. Vermische den Joghurt in einem Schälchen mit dem Zitronensaft, dem Kreuzkümmel sowie etwas Salz und Pfeffer.
4. Bestreiche die Wraps mit dem Hummus und belege sie mit dem Gemüse und den Kichererbsen.

5. Würze die Mischung auf dem Wrap mit Salz sowie Pfeffer. Beträufle die Wraps zum Schluss mit dem Joghurt und rolle sie zum Servieren zusammen.

---

**Variation:**

- Anstelle des Hummus kannst du auch Frischkäse verwenden. Die Kichererbsen kannst du durch Kidneybohnen ersetzen.

# Feta-Frittata

Minuten: 15 | Portionen: 1

**Zutaten:**

- 30 g Feta
- 30 g Babyspinat
- 100 g Champignons
- 3 Eier
- 1 TL Butter
- Salz
- Pfeffer

**Zubereitung:**

1. Putze die Pilze und schneide sie in kleine Stücke.
2. Wasche den Spinat und lasse ihn abtropfen.
3. Erhitze das Öl in einer Pfanne und brate die Pilze darin für 3 Minuten an, bis sie braun werden.
4. Gib anschließend den Spinat hinzu und lasse ihn ebenfalls für 1 Minuten mitbraten, bis er leicht einfällt.
5. Verquirle die Eier in einer Schüssel und würze die Mischung mit Salz und Pfeffer.
6. Gieße die Ei-Mischung in die Pfanne hinzu und lasse die Eier stocken, sodass eine Frittata entsteht.

7. Gib den Feta über die Frittata, kurz bevor die Eier beginnen, zu stocken.
8. Nimm die Frittata aus der Pfanne, sobald die Eier vollständig gestockt sind.
9. Schneide die Frittata in Stücke und serviere sie auf den Tellern.

---

**Variation:**

- ✔ Zu diesem Gericht passt getoastetes Vollkornbrot oder Baguette. Bestreiche die Brotscheiben einfach mit Butter und salze sie ein wenig. Das Gemüse in der Frittata ist variierbar: Frühlingszwiebeln, Tomaten, Paprika oder Zucchini passen ebenfalls gut dazu.

# Summer Rolls

Minuten: 15

Portionen: 2

**Zutaten:**

- 8 Blätter Reispapier
- 100 g Gurke
- 1 Möhre
- 4 Blätter Salat
- 1 Zwiebel
- 100 g Räuchertofu
- 2 EL Sojasoße
- 1 TL Limettensaft
- 2 TL Honig
- 1 EL Olivenöl
- 2 Stiele Koriander
- Salz
- Pfeffer

**Zubereitung:**

1. Schäle die Zwiebel und hacke sie fein. Schneide den Tofu in kleine Stücke. Erhitze das Öl in einer Pfanne und brate die Zwiebeln und den Tofu darin an, bis Letzterer knusprig braun ist.
2. Lösche die Mischung mit Honig und Sojasoße ab und lasse den Tofu in der Soja-Honig-Marinade 5 Minuten ruhen.

3. Wasche die Gurke, schäle die Möhre und schneide beides in sehr feine Streifen.
4. Wasche den Salat und schneide ihn klein.
5. Wasche den Koriander, zupfe die Blätter ab und hacke sie fein.
6. Fülle etwas Wasser in einen tiefen Teller und lege die Reispapierblätter nacheinander kurz hinein, bis sie sich verformen lassen.
7. Platziere sie anschließend auf einem Teller und belege sie mit den Gemüsestreifen und dem Salat. Bestreue sie mit dem Koriander und träufle den Limettensaft darüber.
8. Gib zum Schluss den Tofu auf das Reispapier und rolle alles zu einer Summer Roll auf.
9. Verteile die Röllchen zum Servieren auf den Tellern.

---

**Variation:**

- ✔ Anstelle des Räuchertofus kannst du auch geröstete Kichererbsen verwenden. Gib dazu Kichererbsen auf ein Blech, bestreiche sie mit ein wenig Olivenöl und würze sie anschließend mit Paprikapulver, Salz und Pfeffer. Gib die Kichererbsen für ca. 30 Minuten bei 200 °C (Ober-/Unterhitze) in den Backofen, bis sie leicht braun werden. Das Gemüse in den Summer Rolls kannst du nach Belieben austauschen. Jedes Gemüse, welches du roh verwenden kannst, passt zu dem Gericht. Als Dip zu den Summer Rolls kannst du eine Süß-Sauer-Soße reichen, das macht das Gericht etwas würziger.

# Avocado-Tomate-Omelett

**Minuten: 20** **Portionen: 2**

**Zutaten:**

- 1 Avocado
- 100 g Kirschtomaten
- 30 g Rucola
- 4 Eier
- 2 EL Olivenöl
- Salz
- Pfeffer

**Zubereitung:**

1. Wasche den Rucola, lasse ihn gründlich abtropfen und schneide die Blätter.
2. Wasche die Tomaten und viertle sie.
3. Halbiere die Avocado und löse das Fruchtfleisch mit einem Löffel aus der Schale. Schneide das Fruchtfleisch in feine Streifen.
4. Verquirle die Eier in einer Schüssel und würze die Mischung mit etwas Salz und Pfeffer.
5. Erhitze 1 EL Öl in einer Pfanne und gib die Hälfte der Ei-Mischung hinein.

6. Lasse das Ei bei mittlerer Hitze stocken und wende es nach ca. 2 Minuten, sodass es vom beiden Seiten braun wird.
7. Wiederhole den Vorgang mit dem restlichen Öl und der restlichen Ei-Masse.
8. Lege die beiden entstandenen Omeletts auf die Teller und belege sie zur Hälfte mit den Avocado-Streifen, den Tomaten sowie dem Rucola.
9. Würze das Omelett mit Salz und Pfeffer und klappe es vor dem Servieren zu.

---

**Variation:**

- ✔ Anstelle der Tomaten-Avocado-Füllung kannst du eine Tomaten-Feta oder Tomate-Mozzarella-Füllung zubereiten. Ersetze dazu die Avocado durch Feta- oder Mozzarella-Streifen. Den Rucola kannst du bei Bedarf durch Basilikum-Blätter austauschen.

# Blätterteig-Küchlein

**Minuten: 20**

**Portionen: 4**

**Zutaten:**

- 1 Packung Blätterteig
- 100 g Kirschtomaten
- 100 g Feta
- ½ Zucchini
- ½ TL Oregano
- ½ TL Rosmarin
- 2 EL Olivenöl
- Salz
- Pfeffer

**Zubereitung:**

1. Heize den Backofen auf 220 °C (Ober-/Unterhitze) vor.
2. Wasche die Tomaten und die Zucchini. Schneide die Zucchini in feine Scheiben und die Tomaten in kleine Stücke.
3. Vermische das Öl in einem Schälchen mit dem Oregano sowie dem Rosmarin.
4. Breite den Blätterteig auf einem Backblech aus und zerteile ihn in mit einem Messer 6 gleichgroße Stücke. Stich ihn mehrfach mit einer Gabel ein, damit er später keine Blasen wirft.

5. Belege die Blätterteigstücke mit den Tomatenstücken sowie den Zucchinischeiben.

6. Gib das Kräuteröl darüber und würze die Stücke mit Salz sowie Pfeffer.

7. Zerbrösle den Feta in deiner Hand und gib ihn ebenfalls auf den Blätterteig.

8. Gib die Stücke für 10 Minuten in den Backofen, bis sie leicht braun werden.

9. Verteile sie zum Servieren auf den Tellern.

---

**Variation:**

- ✔ Anstelle des Fetas kannst du auch Mozzarella oder Gouda verwenden. Das Gemüse kannst du ebenfalls ganz nach deinem Geschmack ersetzen. Zucchini oder Pilze eignen sich ebenfalls gut für die Küchlein.

# Herzhafte Crêpes

**Minuten: 20** **Portionen: 2**

**Zutaten:**

- 1 Tomate
- 50 g Emmentaler
- 3 Eier
- 125 ml Milch
- 1 EL Butter
- 2 Stiele Basilikum
- 75 g Mehl
- 1 TL Essig
- Salz
- Pfeffer

**Zubereitung:**

1. Verrühre das Mehl mit der Milch sowie einem Ei in einer Schüssel zu einem glatten Teig. Nutze dafür am besten einen Schneebesen.
2. Wasche das Basilikum sowie die Tomate. Schneide die Tomate in feine Scheiben. Zupfe die Blätter des Basilikums ab und hacke sie fein. Reibe den Käse.
3. Pochiere die restlichen beiden Eier in einem Topf. Erhitze dazu Wasser und den Essig. Schlag die Eier einzeln auf und gib sie ebenfalls einzeln in eine Suppenkelle. Lasse sie von der Suppen-

kelle in das siedende Wasser rutschen. Sei dabei vorsichtig, damit das pochierte Ei gelingt.

4. Nimm das Ei nach ca. 4 Minuten aus dem Wasser und gib das zweite mit der gleichen Methode hinein.

5. Erhitze 1 TL Butter in einer Pfanne und gib den Crêpe-Teig portionsweise hinein. Die Crêpes sollten dabei sehr dünn sein – daher benötigen sie nicht viel Zeit, bis sie braun werden. Wende den Teig in der Pfanne, sobald die Unterseite braun wird. Nimm die fertigen Crêpes aus der Pfanne und sammle sie auf einem Teller, den du mit Alufolie abdeckst, damit sie nicht kalt werden.

6. Bestreiche die fertigen Crêpes mit der restlichen Butter und bestreue sie mit etwas Salz sowie Pfeffer.

7. Gib die Tomaten, die pochierten Eier sowie das Basilikum ebenfalls über die Crêpes.

8. Bestreue zum Schluss alles mit dem gerieben Käse und serviere die herzhaften Crêpes.

---

**Variation:**

- ✔ Anstelle der pochierten Eier kannst du auch ein Spiegelei auf den Crêpe geben. Brate das Ei mit ein wenig Butter in der Pfanne an und gib es auf den Crêpe. Den Basilikum kannst du durch Rucola ersetzen, um die Crêpes damit zu garnieren.

# Käse-Rührei-Brot

**Minuten: 15** **Portionen: 1**

**Zutaten:**

- 30 g Gouda
- 2 Eier
- 1 TL Butter
- 1 TL Schnittlauch
- 2 Scheiben Brot
- Salz
- Pfeffer

**Zubereitung:**

1. Verquirle die Eier in einer Schüssel und würze sie mit etwas Salz und Pfeffer. Gib den Schnittlauch ebenfalls hinzu und vermische die Masse gründlich.
2. Reibe den Käse.
3. Erhitze die Hälfte der Butter in einer Pfanne und gib die verquirlten Eier hinzu.
4. Lasse die Eier leicht stocken, bevor du mit einem Kochlöffel oder einem Pfannenwender den Inhalt der Pfanne verrührst, damit eine Rührei-Konsistenz entsteht.

5. Je nachdem, ob du das Ei noch leicht flüssig magst oder nicht, musst du die Pfanne früher oder später vom Herd nehmen.
6. Hebe den geriebenen Käse direkt unter das noch warme Rührei in der Pfanne.
7. Toaste das Brot in einem Toaster, damit die Scheiben kross werden.
8. Bestreiche sie anschließend mit der restlichen Butter und verteile das Rührei darauf.
9. Würze die Brote vor dem Servieren nach Bedarf mit Salz und Pfeffer.

---

**Variation:**

- ✔ Wenn du dein Rührei etwas würziger magst, kannst du anstelle des Goudas einen würzigeren Käse wie beispielsweise Bergkäse verwenden. Möchtest du das Gericht hingegen milder zubereiten, dann greife zu geriebenem Mozzarella. Solltest du kein Brot zu Hause haben, kannst du alternativ Toast verwenden.

# Süße Gerichte

# Hafer-Pfannkuchen

**Minuten: 30** **Portionen: 2**

**Zutaten:**

- 90 g Haferflocken
- 2 reife Bananen
- 3 Eier
- 150 g Joghurt
- 1 TL Butter
- 150 ml Mineralwasser
- 150 g Mehl
- 2 EL Honig
- 3 EL Zucker

**Zubereitung:**

1. Trenne die Eier. Schlage danach das Eigelb mit dem Zucker in einer Schüssel mit dem Handrührgerät schaumig.
2. Rühre das Mineralwasser sowie den Joghurt unter.
3. Gib ebenfalls das Mehl sowie die Haferflocken hinzu. Vermenge das Ganze und lasse den Pfannkuchenteig für 10 Minuten quellen.
4. Schlage die Eiweiße in einer weiteren Schüssel mit dem Handrührgerät steif. Hebe den Eischnee unter den restlichen Teig.
5. Schäle die Bananen und schneide sie in feine Scheiben.

6. Erhitze die Butter in einer Pfanne und gib den Teig portionsweise in die Pfanne.

7. Wende die Pfannkuchen nach ca. 2 Minuten, sobald die Unterseite leicht braun wird.

8. Verteile die Pfannkuchen auf den Tellern und gib die Bananenscheiben darüber.

9. Lasse zum Schluss den Honig über die Bananen-Hafer-Pfannkuchen tröpfeln.

---

**Variation:**

- Anstelle des Honigs kannst du als Topping auch Nutella oder Erdnussbutter verwenden. Auch Zucker und geschmolzene Butter schmecken dazu hervorragend.

# Schoko-Milchreis

**Minuten: 30** **Portionen: 2**

**Zutaten:**

- 250 ml Milch
- 50 g Milchreis
- 1 EL Zucker
- 25 Zartbitterschokolade

**Zubereitung:**

1. Koche die Milch in einem Topf unter ständigem Rühren auf. Achte darauf, dass die Milch am Boden des Topfes nicht anbrennt.
2. Nimm die Milch vom Herd, sobald sie kocht und hochsteigt. Rühre direkt den Milchreis unter.
3. Gib den Topf bei mittlerer Hitze zurück auf den Herd und rühre gelegentlich den Milchreis um. Decke den Topf mit einem Deckel zu.
4. Lasse den Milchreis insgesamt für ca. 20 Minuten köcheln.
5. Hacke die Zartbitterschokolade fein.

6. Mische ⅔ der Schokolade unter den fertigen Milchreis. Gib ebenfalls den Zucker hinzu und verrühre den Milchreis gründlich, sodass eine sämige Masse entsteht.
7. Verteile den Milchreis und gib ihn in die Schüsseln.
8. Streue die restliche Schokolade vor dem Servieren darüber.

---

**Variation:**

- Das Basis-Rezept lässt sich kreativ erweitern, beispielsweise mit diversen Früchten. Zu Milchreis passen besonders gut Himbeeren, Kirschen oder Erdbeeren. Solltest du keine frischen Früchte zu Hause haben, kannst du es auch mit Dosen-Aprikosen oder eingelegten Birnen probieren. Gib die Früchte einfach zum Schluss mit den Schokolade-Stücken über den fertigen Milchreis. Als weitere Alternative kannst du das gleiche Rezept mit Vollmilchschokolade oder weißer Schokolade kochen. Verzichte dabei aber auf den zusätzlichen Zucker, da die Schokoladensorten an sich bereits süßer sind und keine zusätzliche Süßungsmittel benötigen.

# Apfel-Marzipan-Auflauf

**Minuten: 50** **Portionen: 3**

**Zutaten:**

- 300 g Baguette (vom Vortag)
- 150 g Marzipan
- 2 Äpfel
- 60 ml Amaretto
- 60 g Mandelblättchen
- 35 g Butter
- 250 ml Milch
- 200 ml Sahne
- 4 Eier
- 30 g Puderzucker
- ½ TL Zimt

**Zubereitung:**

1. Heize den Backofen auf 170 °C (Umluft) vor. Fette eine Auflaufform mit ein wenig Butter.
2. Schneide das Baguette schräg in ca. 2 cm breite Scheiben. Beträufle die Scheiben mit Amaretto.
3. Schneide das Marzipan in dünne Scheiben. Schäle die Äpfel, schneide sie in Viertel und entkerne sie. Schneide sie anschließend in 1 cm breite Spalten.

4. Schichte die Baguettescheiben abwechselnd mit den Marzipan- und den Apfelscheiben in die Auflaufform. Setze dabei alle Scheiben senkrecht in die Auflaufform, sodass eine Art Fächerform entsteht.
5. Streue die Mandelsplitter darüber.
6. Verquirle die Milch mit der Sahne, dem Zimt, den Eiern und 10 g Puderzucker in einer Schüssel. Gieße die Mischung gleichmäßig über den Auflauf.
7. Bestreue den Auflauf mit dem restlichen Puderzucker und gib die Butter in kleinen Flöckchen ebenfalls darüber.
8. Schiebe den Auflauf für 40 Minuten in den Backofen und lasse ihn gar werden.
9. Nimm den Apfel-Marzipan-Auflauf aus dem Ofen, sobald die Oberfläche goldbraun ist. Verteile den Auflauf zum Servieren auf den Tellern. Den Auflauf kannst du auch kalt genießen.

---

**Variation:**

- Als perfekte Ergänzung zu dem Auflauf eignet sich Vanillesoße. Kaufe dafür entweder fertige Soße oder stelle sie selbst her: Rühre dafür eine Packung Vanillepuddingpulver mit 50 ml Milch in einer Schüssel glatt. Erhitze 700 ml Milch in einem Topf und lasse sie aufkochen. Nimm die Milch vom Herd, sobald sie kocht und rühre das Pudding-Milch-Gemisch unter. Stelle den Topf zurück auf den Herd und lasse die Masse erneut aufkochen, rühre dabei ständig weiter. Lasse die Vanillemasse für 1 Minute kochen, schalte dann die Hitze ab und rühre für 2 Minuten weiter um, bis die Vanillesoße fertig ist.

# Bananen-Nuss-Toast

**Minuten: 15** **Portionen: 1**

**Zutaten:**

- 1 reife Banane
- 2 Scheiben Toast
- 2 EL griechischer Joghurt
- 1 TL Agavendicksaft
- 2 TL Haselnusskerne
- 1 TL Butter

**Zubereitung:**

1. Schäle die Banane und schneide sie in Scheiben.
2. Erhitze die Butter in einer Pfanne und röste die Toastscheiben darin von beiden Seiten, bis sie leicht braun werden.
3. Nimm die Toasts aus der Pfanne und bestreiche sie mit dem griechischen Joghurt.
4. Hacke die Nüsse. Röste sie in der Pfanne ohne Fett für 2 Minuten an, bis sie leicht braun werden.
5. Verteile die Bananenscheiben auf den Toasts über dem Joghurt. Beträufle die Scheiben mit dem Agavendicksaft.

6. Streue vor dem Servieren die gerösteten Haselnüsse über die Bananen-Toasts.

---

**Variation:**

- Anstelle des Toasts kannst du auch Vollkornbrot oder andere Brotsorten verwenden. Besonders gut schmeckt das süße Gericht auf einem rustikalen Graubrot. Anstelle des Agavendicksafts kannst du auch Honig verwenden. Für einen ganz anderen Geschmack kannst du Nutella oder Erdnussbutter über die Toasts geben. Als Alternative zu der Banane kannst du dein Brot mit Himbeeren oder Erdbeeren belegen.

# Milch-Nudeln

**Minuten: 20** **Portionen: 2**

**Zutaten:**

- 200 g Spiralnudeln
- 500 ml Milch
- 150 ml Sahne
- 2 Päckchen Vanillezucker
- 30 g brauner Zucker
- ½ TL Zimt

**Zubereitung:**

1. Gib die Sahne zusammen mit der Milch in einen Topf. Lasse beides bei mittlerer Hitze kurz aufkochen. Rühre die Mischung dabei durchgehend um.
2. Schalte die Hitze runter, sobald die Masse einmal aufgekocht ist und füge die Nudeln, den Vanillezucker und den braunen Zucker hinzu.
3. Rühre die Mischung ständig um und lasse alles bei mittlerer Hitze für ca. 10 Minuten köcheln.
4. Teste zwischendurch, ob die Nudeln bereits gar sind.
5. Schalte die Hitze aus, sobald die Nudeln gar sind und nimm sie vom Herd.

6. Lasse alles für 5 Minuten ziehen, damit der Geschmack noch intensiver wird.
7. Verteile die Milch-Nudeln anschließend auf den Tellern.
8. Bestreue die Nudeln vor dem Servieren mit dem Zucker.

---

**Variation:**

- Anstelle des Vanillezuckers kannst du auch normalen Zucker und das Mark einer Vanilleschote verwenden. Dadurch wird der Geschmack noch intensiver. Für mehr Frische kannst du zusätzlich noch Früchte hinzufügen. Besonders gut eignen sich Pfirsich, Aprikose, Himbeeren, Blaubeeren oder auch Erdbeeren. Schneide die Früchte klein und rühre sie unter die Nudeln, wenn du den Topf vom Herd nimmst. So können die Früchte kurz durchweichen, zerkochen aber nicht vollständig.

# Apfel-Pfannkuchen

**Minuten: 25** **Portionen: 2**

**Zutaten:**

- 2 Äpfel
- 2 Eier
- 220 g Mehl
- 200 ml Milch
- 1 TL Butter
- 100 ml Mineralwasser
- 70 g Zucker
- 1 Päckchen Vanillezucker
- ½ TL Zimt

**Zubereitung:**

1. Schäle die Äpfel, schneide sie in Viertel und entkerne sie. Schneide sie anschließend in dünne Spalten. Alternativ kannst du die Äpfel auch mit einer Küchenreibe in Spalten reiben, so werden sie noch feiner.
2. Schlage die Eier in einer Schüssel mit 50 g Zucker und Vanillezucker schaumig auf. Nutze dazu am besten ein Handrührgerät auf höchster Stufe.
3. Hebe das Mehl mit der Milch und dem Mineralwasser ebenfalls unter. Gib anschließend die Apfelspalten unter den Teig.

4. Erhitze die Butter in einer Pfanne und verteile sie gleichmäßig, sobald sie schmilzt. So kann der Pfannkuchen nicht anbrennen.
5. Gib mit Hilfe einer Suppenkelle den Teig in die Pfanne und backe die Pfannkuchen portionsweise aus.
6. Brate sie dafür von jeder Seite ca. 2 Minuten an, bis sie an der Unterseite leicht braun werden.
7. Sammle die fertigen Apfel-Pfannkuchen auf einem Teller mit etwas Küchenpapier, sodass das überschüssige Fett abtropfen kann.
8. Vermische den Zimt in einem Schälchen mit dem Zucker.
9. Verteile die Apfel-Pfannkuchen zum Servieren auf den Tellern und bestreue sie mit der Zimt-Zucker-Mischung.

---

**Variation:**

- ✔ Anstelle des Zimt-Zucker-Gemischs eignen sich auch andere Toppings, wie beispielsweise Honig, Mandelmus oder Puderzucker. Die Äpfel kannst du durch Blaubeeren ersetzen.

# Armer Zwieback-Ritter

**Minuten: 15** **Portionen: 3**

**Zutaten:**

- 12 Zwieback
- 150 g Apfelmus
- 1 Ei
- 250 ml Milch
- 2 TL Rapsöl
- 50 g Butter
- 2 EL brauner Zucker
- 1 Päckchen Vanillezucker
- ½ TL Zimt

**Zubereitung:**

1. Verquirle das Ei mit der Milch, dem braunen Zucker und dem Vanillezucker in einer Schüssel. Verwende dafür am besten ein Handrührgerät, alternativ kannst du auch einen Schneebesen verwenden.
2. Füge den Zimt hinzu und verrühre die Masse erneut, sodass sich der Zimt gut verteilt.
3. Gib die Zwiebackscheiben für mindestens 5 Minuten in die Ei-Milch-Mischung und lasse sie einweichen.

4. Erhitze etwas Butter sowie Rapsöl in einer Pfanne. Hier musst du auf die Größe deiner Pfanne achten: Wenn du die Zwiebackscheiben in 2 Portionen braten kannst, dann teile die Menge der Butter und des Rapsöls auf. Solltest du 3 Bratdurchgänge benötigen, musst du auch die Butter und das Rapsöl in jeweils 3 Portionen aufteilen. Achte immer darauf, dass genug Fett in der Pfanne ist, um das Anbrennen der Scheiben zu vermeiden.
5. Gib die Zwiebackscheiben in die Pfanne mit dem Fett und röste sie von beiden Seiten für jeweils ca. 2 Minuten bei mittlerer Hitze an. Sobald die Scheiben goldbraun gebraten sind, kannst du sie aus der Pfanne nehmen.
6. Verteile das süße Gericht auf den Tellern und serviere es jeweils mit einem Klecks Apfelmus.

---

**Variation:**

- Anstelle des Zwiebacks kannst du für das Rezept Toastscheiben verwenden. Den Apfelmus kannst du ebenfalls durch andere Beilagen wie frische Früchte oder Rote Grütze ersetzen. Diese kannst du entweder fertig kaufen oder selbst herstellen. Koche dafür 500 g rote Beeren in einem Topf mit 500 ml Fruchtsaft und einer Vanilleschote auf. Dicke die Mischung an, indem du 3 EL Wasser mit 3 EL Stärke in einer Tasse vermischst und in die Früchte gibst. Lasse die Grütze für 3 Minuten kochen, bis die Masse dickflüssig wird.

# Süßer Flammkuchen

Minuten: 25

Portionen: 3

**Zutaten:**

- 1 Packung Flammkuchenteig
- 150 g Crème fraîche
- 1 EL Honig
- 150 g Nutella
- 2 reife Bananen
- 50 g Erdnüsse (gesalzen)
- 50 g weiße Schokolade

**Zubereitung:**

1. Heize den Backofen nach Packungsanweisung des Flammkuchenteigs vor. Sollte dort keine Gradzahl angegeben sein, stelle den Backofen auf 220 °C (Ober-/Unterhitze) ein.
2. Verrühre die Crème fraîche mit dem Honig in einer Schüssel zu einer glatten Masse. Hacke die Schokolade sowie die Erdnüsse in Stücke. Schäle die Bananen und schneide sie in Scheiben.
3. Gib das Nutella in eine Tasse oder Schüssel und erwärme es für ca. 30 Sekunden in der Mikrowelle, sodass die Masse etwas flüssiger wird. (Solltest du keine Mikrowelle haben, kannst du das Nutella auch in einem Wasserbad erwärmen.

4. Rolle den Teig auf einem Backblech aus. Bestreiche ihn mit der Crème-fraîche-Honig-Masse.
5. Verteile die Bananenscheiben darüber. Gib anschließend das Nutella darüber, indem du es mit Hilfe eines Löffels über den Flammkuchen tröpfelst.
6. Streue die Schokolade und die Nüsse darüber.
7. Gib den Flammkuchen für ca. 10 Minuten in den Backofen, bis er an den Seiten leicht braun wird. Schiebe das Backblech auf die unterste Schiene deines Backofens, damit die Zutaten nicht zu dunkel werden.
8. Schneide den Flammkuchen zum Servieren in Stücke und richte ihn auf den Tellern an.

---

**Variation:**

- ✔ Den Flammkuchenteig kannst du auch selbst herstellen. Verknete dafür 220 g Mehl, 1 Eigelb, 1 EL Olivenöl, ½ TL Salz und 100 ml lauwarmes Wasser zu einem Teig. Lasse diesen vor der Weiterverarbeitung 30 Minuten ruhen. Anstelle eines großen Flammkuchens kannst du auch mehrere kleine Flammkuchen herstellen. Portioniere den Teig dafür und rolle die kleinen Flammkuchen anschließend aus. Wenn du den Flammkuchen weniger süß magst, kannst du das Nutella weglassen oder durch 3 EL Honig ersetzen. Gib dann anstelle des Honigs 1 EL Erdnussbutter zu der Crème fraîche.

# French Toast

Minuten: 20

Portionen: 4

## Zutaten:

- 8 Scheiben Toast
- 100 g Himbeeren
- 100 g Blaubeeren 2 Eier
- 125 ml Milch
- 40 g Butter
- 4 EL Ahornsirup
- 1 TL Zucker
- ½ TL Zimt
- 2 EL Puderzucker
- Salz

## Zubereitung:

1. Wasche die Himbeeren sowie die Blaubeeren und lasse sie in einem Sieb abtropfen.
2. Verrühre die Milch mit den Eiern, einer Prise Salz sowie dem Zimtpulver in einem tiefen Teller.
3. Schneide die Rinde von den Toastscheiben ab. Hacke die Rinde in feine Brösel.
4. Vermenge die Brösel in einer Schüssel mit dem Zimt und dem Zucker.

5. Erhitze 10 g Butter in einer Pfanne und röste die Brösel darin für ca. 3 Minuten, bis sie leicht braun werden. Nimm das entstandene Topping aus der Pfanne und stelle es beiseite.

6. Weiche die Toastscheiben einzeln für jeweils 20 Sekunden von jeder Seite in der Milch-Mischung ein.

7. Erhitze die restliche Butter in einer Pfanne. Gib die Toastscheiben in die Pfanne, sobald die Butter Blasen wirft. Brate die Scheiben nacheinander in der Pfanne goldbraun von beiden Seiten an.

8. Bestreue die fertigen Toast-Scheiben mit Puderzucker und verteile sie auf den Tellern.

9. Gib die Früchte und den Ahornsirup über die Toasts. Bestreue zum Schluss alles mit dem Topping, welches du aus den Toast-Rändern hergestellt hast.

---

**Variation:**

- Anstelle des Toasts kannst du für dieses Gericht auch Baguette-Scheiben oder Brot verwenden. Den Ahornsirup kannst du durch Honig oder Nutella ersetzen. Zu dieser Kombination passt anstelle der Beeren auch Banane besonders gut.

# Wochenplan

# Veggie-Wochenplan

Die Gerichte aus diesem Buch kannst du sowohl als Frühstück, Mittag- oder auch Abendessen zubereiten. Zur Inspiration habe ich daher einen Wochenplan für dich erstellt, mit dem du auch in stressigen Lernzeiten eine ausgewogene Ernährung verfolgen kannst. So könntest du die Rezepte kombinieren:

*** Montag ***

Hafer-Pfannkuchen *(Frühstück, S. 216)*

Reisnudel-Suppe *(Mittagessen, S. 46)*

Röstkartoffel-Salat *(Abendessen, S. 18)*

*** Dienstag ***

Bauernfrühstück *(Frühstück, S. 82)*

Honig-Joghurt *(Mittagessen, S. 192)*

Backofen-Falafel *(Abendessen, S. 148)*

*** Mittwoch ***

Schoko-Milchreis *(Frühstück, S. 218)*

Brokkoli-Nudeln mit Feta *(Mittagessen, S. 76)*

Avocado-Tomate-Omelett *(Abendessen, S. 206)*

*** Donnerstag ***

---

Käse-Rührei-Brot *(Frühstück, S. 212)*

Milch-Nudeln *(Mittagessen, S. 224)*

Kichererbsen-Pfanne *(Abendessen, S. 84)*

*** Freitag ***

---

Bananen-Nuss-Toast *(Frühstück, S. 222)*

Gemüsesticks mit Dips *(Mittagessen, S. 190)*

Grillkäse-Burger *(Abendessen, S. 170)*

*** Samstag ***

---

Apfel-Pfannkuchen *(Frühstück, S. 226)*

Rucola-Salat mit Mango *(Mittagessen, S. 30)*

Champignons-Schupfnudeln *(Abendessen, S. 96)*

*** Sonntag ***

---

French Toast *(Frühstück, S. 232)*

Blätterteig-Küchlein *(Mittagessen, S. 208)*

Eier im Spinatnest *(Abendessen, S. 154)*

# Bonusrezepte

# 20 Gerichte für die Klausurphase

Neben den zahlreichen Rezepten aus diesem Buch habe ich noch eine köstliche Überraschung für dich. Denn als Bonus habe ich noch weitere 20 vegetarische Studi-Rezepte für dich zusammengestellt. Als kleines Geschenk sozusagen. Dabei handelt es sich um schnelle Rezepte für die Klausurphase. Die Gerichte sind nicht nur schnell, sondern auch noch perfekte Energielieferanten für deinen Lerntag. Aus Platzgründen haben es diese Rezepte leider nicht ins Buch geschafft. Deswegen stellt mein Verlag sie dir als kostenlosen Download zur Verfügung.

Diese vegetarischen Gerichte für die Klausurphase warten auf dich:

- ✔ Ricotta-Zitronen-Spaghetti
- ✔ Schupfnudel-Pesto-Pfanne
- ✔ Apfel-Möhren-Salat
- ✔ Buddha-Bowl
- ✔ Mandel-Porridge
- ✔ Sauerkraut-Kumpir
- ✔ Süßkartoffel-Toast
- ✔ Overnight-Chiasamen
- ✔ Ziegenkäse-Omelett
- ✔ Spinat-Pizza
- ✔ Linsen-Nudeln mit Feta
- ✔ Couscous-Wraps
- ✔ Mandel-Brokkoli
- ✔ Brot-Pudding
- ✔ Erbsensuppe
- ✔ Zucchini-Pizzinis

- Kichererbsen-Tajine
- Avocado-Pasta
- Ofenkürbis
- Penne mit Erdnuss-Sauce

Wenn du die folgende Website aufrufst, erfährst du, wie du an die Bonusrezepte kommst:

www.studienscheiss.de/bonus-vegetarisches-studi-kochbuch

Du gelangst dort auf die Website meines Verlags und kannst dich für den entsprechenden Verteiler anmelden – natürlich kostenlos.

# Nachwort

# Infos zum Buch

Dieses vegetarische Rezeptebuch ist kein typisches Kochbuch, vollgestopft mit Hochglanzfotos und unverständlicher Theorie – es ist eine Sammlung leckerer Rezepte, die jede Person einfach nachkochen kann. Das Layout des Buches wurde dabei bewusst minimalistisch gehalten; auf unnötige Ausführungen und Exkurse wurde verzichtet. Stattdessen stehen die Rezepte mit klaren Anleitungen im Fokus – denn mehr braucht es nicht für ein leckeres vegetarisches Gericht.

Aber das ist noch nicht alles: Dieses Buch wurde von unserem kleinen Studienscheiss-Verlag fair und hochwertig produziert. Wir arbeiten mit regionalen Designern und Lektoren zusammen und lassen unsere Hardcover-Bücher komplett in Deutschland herstellen. Alle an der Produktionskette beteiligten Partner werden von uns fair behandelt – und fair bezahlt.

Allesamt kleine und mittelständische Unternehmen, die mit Herzblut bei der Sache sind und mit denen wir ein gemeinsames Ziel verfolgen: hochwertige Produkte zu erzeugen, die unsere Leser glücklich machen.

Unsere Bücher entstehen unter nachhaltigen Produktionsbedingungen, schonen die Umwelt und fördern die regionale Wirtschaft. Und genau das unterstützt du, wenn du dir dieses Buch zugelegt hast.

High five dafür!

# Über die Autorin

Hannah Dautzenberg, Jahrgang 1995, ist Autorin und leidenschaftliche Köchin. Nach dem Abitur verbrachte sie ein Jahr in Irland, bevor sie ihr Studium der Gesellschaftswissenschaften an der RWTH Aachen begann.

Im Anschluss an ihr Studium arbeitete Hannah als Redakteurin in der Fernsehbranche bei einem großen deutschen Rundfunksender. Dort gestaltete sie Dokumentationen und Unterhaltungsformate.

Während ihrer Arbeit beim Fernsehen begann sie, für verschiedene Zeitschriften und Magazine Artikel zu veröffentlichen. Dabei beschäftigt sie sich vor allem mit gesellschaftsrelevanten Themen wie Ressourcenschonung und Nachhaltigkeit – und natürlich: gesunder Ernährung!

Aktuell absolviert Hannah ihren Master an der RWTH Aachen. Artikel und Texte verfasst sie weiterhin – und mittlerweile sogar Kochbücher.

Das ist Hannah

# Dankeschön

Ohne die Hilfe anderer Menschen hätte ich dieses Buch nicht schreiben und veröffentlichen können. Alleine wäre mir das nicht gelungen. Daher möchte ich die Gelegenheit nutzen und mich von ganzem Herzen bedanken.

Am meisten danke ich meinen Leserinnen und Lesern, die mich seit Jahren unterstützen und fleißig meine Texte lesen. Ohne euren Support hätte ich mich nie getraut, dieses Buch zu schreiben. Danke, dass ihr mich motiviert, kritisiert und immer wieder hinter mir steht.

Ganz besonders danken möchte ich Tim Reichel. Ohne deinen fachlichen Input und deine Hilfe wäre dieses Buch niemals erschienen. Danke, dass du mir während des gesamten Schreibens unterstützend zur Seite standest, viele Stunden Arbeit investiert und dieses Buch verlegt hast.

Vielen Dank auch an Sara Dörwald für das Gegenlesen, die Korrekturen und die klugen Anmerkungen. Du bist eine tolle Lektorin.

Außerdem möchte ich meiner Familie und meinen Freunden dafür danken, dass ihr mich in stressigen Phasen ertragen, mich immer motiviert und pausenlos unterstützt habt.

Hannah Dautzenberg, März 2021

# Bonusrezepte

Hol dir hier die Bonusrezepte für die Klausurphase ab:

www.studienscheiss.de/bonus-vegetarisches-studi-kochbuch

Printed in Germany
by Amazon Distribution
GmbH, Leipzig

31401327R00143